Kleine Geschichte Oberfrankens

Günter Dippold

Kleine Geschichte Oberfrankens

Verlag Friedrich Pustet
Regensburg

Bibliografische Information der Deutschen Nationalbibliothek
Die Deutsche Nationalbibliothek verzeichnet diese Publikation
in der Deutschen Nationalbibliografie; detaillierte bibliografische
Daten sind im Internet über http://dnb.dnb.de abrufbar.

2., aktualisierte Auflage 2022
© 2020 Verlag Friedrich Pustet, Regensburg
Gutenbergstraße 8 | 93051 Regensburg
Tel. 0941/920220 | verlag@pustet.de

ISBN 978-3-7917-3170-4
Umschlaggestaltung und Layout: www.martinveicht.de
Satz: Vollnhals Fotosatz, Neustadt a. d. Donau
Druck und Bindung: Friedrich Pustet, Regensburg
Printed in Germany 2022

eISBN 978-3-7917-6179-4 (epub)

Unser gesamtes Programm finden Sie im Webshop unter
www.verlag-pustet.de

Inhalt

Das Werden Oberfrankens 9

Von den ersten Siedlern bis ins Hochmittelalter 12
Im Frankenreich / Die Markgrafen von Schweinfurt /
Das neue Bistum Bamberg / *Der Bamberger Dom* / Die
frühe territoriale Entwicklung des Hochstifts Bamberg /
Bischof Otto I. von Bamberg / Der Aufstieg der Andechs-
Meranier / *Die Stadt in Oberfranken*

Wandlungen im Spätmittelalter 27
Der Zerfall der meranischen Herrschaft / Umwälzungen
im 14. Jahrhundert

Das Hochstift Bamberg 32
Der Fürstbischof / *Die Neue Residenz zu Bamberg* /
Das Domkapitel / Klösterliche Unabhängigkeitsbestre-
bungen

Die Herrschaft der Zollern 41
Das Wachsen der Macht / Die jüngere fränkische
Linie der Zollern und die Verlegung der Hauptstadt /
Musik bei Hofe / Kulmbach-Bayreuth im 17. und
18. Jahrhundert

Das Coburger Land 49

Die Reichsritterschaft 52
Wandlungen niederadligen Lebens am Beginn der Neuzeit / Das Werden der reichsunmittelbaren Ritterschaft

Die Glaubensspaltung 58
Die reformatorische Bewegung und ihre ersten Folgen /
Die landesherrliche Reformation / Protestantismus im
Hochstift Bamberg / Die Gegenreformation

Die Verfolgung vermeintlicher Hexen 66
Prozesswellen im Hochstift Bamberg / Hexereiprozesse in Coburg und Kulmbach

Gute und schlechte Nachbarschaft 70
Geeint im Fränkischen Reichskreis / Der Markgräfler-
krieg 1552–1554 / Vereint im Elend: der Dreißigjährige Krieg

**Umbruch um 1800: Vordringen der Großmächte
und Säkularisation** 76
Preußen als Erbe des Markgraftums Kulmbach-Bayreuth / Die Ära Hardenberg / Europäische Konflikte
und ihre Folgen für Franken / Die Herrschaftsübernahme
durch Bayern / Die Aufhebung der Klöster und Stifte /
Mythos Beutekunst / Die bayerischen Reformen / Das
Ausgreifen Bayerns nach Bayreuth / *Marktredwitz*

**Wirtschaftliches Leben zwischen Altem Reich und
früher Industrialisierung** 88
Wandlungen in der Landwirtschaft / Besonderheiten des
regionalen Handwerks / Das Patchworkeinkommen in der
frühneuzeitlichen Stadt / Holzhandel und Flößerei / Die
Schwierigkeiten früher Fabriken / *Die Fränkische Schweiz*

**Hochschulen und kulturelles Leben bis ins
19. Jahrhundert** 99
*Das Allgemeine Krankenhaus in Bamberg / Städtisches
Theater in Bamberg*

Obermainkreis und Oberfranken im Königreich Bayern 104
Wittelsbacher in der Region / Die Eingliederung des
östlichen Franken in den bayerischen Einheitsstaat /
Neue Strukturen für die Glaubensgemeinschaften /
Adlige Vorrechte im Königreich Bayern / Oberfranken
im Vormärz / Die Revolution von 1848/49 / Neue
Verkehrswege / Oberfrankens Bedeutung in Staats-
regierung und Landtag

Sachsen-Coburg und Gotha 117

Die Industrialisierung 121
Die Textilindustrie / Weißes Gold aus Oberfranken /
Weitere Industriezweige / Starke Hausindustrien /
Die Industrie des Coburger Raums

Oberfranken nach dem Ersten Weltkrieg 129
Wirtschaftliche Folgen des Kriegs / Bayern statt Thüringen: der Weg Coburgs / Bamberg als Landeshauptstadt auf Zeit / Das Aufkommen völkischer Bewegungen / Der Aufstieg der NSDAP

Oberfranken im „Dritten Reich" 137
Der Zusammenschluss mit Mittelfranken / Die „Machtergreifung" in der Region / *„Tyrann in der Westentasche": Fritz Wächtler* / Der schöne Schein des Regimes / Antisemitismus und Massenmord / Von Kutzenberg in die Vernichtungsanstalt: die T4-Aktion / Oberfranken im Zweiten Weltkrieg

Im Schatten der Zonengrenze: Oberfranken zwischen
1945 und 1990 144
Leben mit der Grenze / Die Eingliederung der
Heimatvertriebenen / Die neuen Hochschulen

Zurückgewonnene Mitte: Oberfranken seit der
Wiedervereinigung 150
Neue Verkehrswege / Chance und Krise traditioneller
Industrien / Vermarktungsstrategien für Oberfranken

Anhang 155
Zeittafel / Generalkommissäre des Mainkreises bzw.
des Obermainkreises / Regierungspräsidenten von
Oberfranken bzw. von Ober- und Mittelfranken /
Kreistags- und Bezirkstagspräsidenten von Oberfranken / Übersichtskarte / Literatur / Register / Bildnachweis

Das Werden Oberfrankens

Oberfranken ist eine junge Raumeinheit. Wenngleich der Begriff vereinzelt auftauchte, um höher gelegene Landstriche Frankens zu bezeichnen, so führte ihn doch erst König Ludwig I. von Bayern (reg. 1825–1848) auf Dauer ein. Im Herbst 1837 verfügte der Monarch einen Neuzuschnitt der acht „Kreise" des Königreichs Bayern. Waren sie bis dahin nach Flüssen benannt, so beschwor der Monarch nun die Historie: Durch göttliche Vorsehung seien unter seinem Zepter *mehrere der edelsten deutschen Volksstämme vereinigt, deren Vergangenheit reich an den erhabensten Vorbildern jeder Tugend und jeglichen Ruhmes ist.* Daher sei es seine Absicht, *die Benennung der einzelnen Haupt-Landestheile auf die ehrwürdige Grundlage der Geschichte zurückzuführen.*

Bei Ober- und Niederbayern, bei Schwaben und bei der Oberpfalz konnte der König auf alte Namen zurückgreifen, wenngleich der Zuschnitt nicht immer den historischen Grenzen entsprach. Der Hauptteil des ehemaligen Fränkischen Reichskreises, der im frühen 19. Jh. an Bayern gefallen war, wurde in drei Kreise gegliedert. Ihre Namen waren Neuschöpfungen, die sich an den geografischen Gegebenheiten orientierten: Der Kreis, der die tiefst gelegenen Punkte einschloss, hieß Unterfranken; der Kreis, der mit dem Schneeberg und dem Ochsenkopf die höchsten Erhebungen Frankens besaß, wurde Oberfranken genannt.

Wenngleich das Oberfranken von 1837 seinen Umriss der königlichen Geschichtsbezogenheit verdankte, so band doch die Administration heterogene Räume zusammen. Oberfranken vereinigte in sich Gebiete ganz unterschiedlicher Tradition. Seine Hauptbestandteile waren das Hochstift Bamberg, über das bis 1802 der Bischof von Bamberg regiert hatte, und das Fürstentum Kulmbach-Bayreuth, das Markgrafen aus dem Haus Zollern beherrscht hatten, das 1792 Teil des Königreichs Preußen geworden war und das zuletzt unter französischer Verwaltung gestanden hatte. Ferner gehörten zum 1837 geformten Oberfranken mit Seßlach und Schlüsselfeld kleine Teile des einstigen Hochstifts Würzburg. Auch die Zisterzienserabtei Ebrach im Steigerwald war im Grunde würzburgisch, wenngleich sie bis zu ihrer Aufhebung 1803 den Anspruch erhoben hatte, reichsunmittelbar zu sein. Betzenstein, Gräfenberg und Hiltpoltstein hatten zum Landgebiet der Reichsstadt Nürnberg gezählt. Obendrein schloss Oberfranken zahlreiche Dörfer ein, die bis 1806 reichsritterlichen Familien untertan gewesen waren.

Eine Geschichte Oberfrankens bis ins frühe 19. Jh. muss also vom Nebeneinander des Fürstbistums Bamberg, des Markgraftums Brandenburg-Kulmbach und der ostfränkischen Reichsritterschaft erzählen.

Vielgesichtig wie in seinen historischen Wurzeln ist Oberfranken auch in naturräumlicher Hinsicht. Es umfasst Mittelgebirge wie Frankenwald und Fichtelgebirge, die einerseits aus landwirtschaftlicher Warte Ungunsträume darstellten, andererseits über Bodenschätze und ausgedehnte Wälder verfügten. Ihnen stehen die fruchtbaren Tallandschaften gegenüber, wie sie der Main und seine Quellflüsse sowie die Regnitz formten.

Die natürlichen Baustoffe ließen unterschiedliche Hauslandschaften entstehen: Holz dominierte in den Mittelgebirgsregionen, zunächst als Blockbau, später vor allem als Fachwerk. Die Außenwände waren – je näher das Haus bei den großen Schieferbrüchen des Frankenwalds stand, desto häufiger – mit dem „blauen Gold" beschlagen. Als Werkstein diente im Umgriff des Maintals der Sandstein, bei repräsentativen Bauten in Form gleichmäßig behauener Sandsteinquader. Im Fichtelgebirge hingegen finden wir den Granit an Fenster- und Türgewänden.

Kirchlich war das einst von Bamberg und von Würzburg geprägte Gebiet katholisch, die einstigen Herrschaftsgebiete der Zollern sowie die Dörfer der Ritterschaft waren dagegen evangelisch. Jüdische Gemeinden bestanden in der Frühen Neuzeit vor allem unter niederadligem Schutz.

Das 1837 geformte Oberfranken erfuhr 1920 einen spürbaren Zuwachs, als aufgrund einer Volksabstimmung der Freistaat Coburg sich nicht dem neuen Land Thüringen, sondern

Bayern anschloss. Dies bedeutete eine Neuorientierung, denn das Coburger Land hatte bis 1806 nicht zum Fränkischen, sondern zum Obersächsischen Reichskreis gehört, und es war in mancherlei Hinsicht mit anderen thüringischen Kleinstaaten verzahnt gewesen. Von Exklaven in den Haßbergen abgesehen, wurde das einstige Herzogtum, 562 km² umfassend, zu Oberfranken hinzugefügt. Dessen Einwohnerzahl stieg dadurch um rund 75.000 auf etwa 750.000. Coburg jedoch, zwei Jahre zuvor noch die Hauptstadt eines deutschen Bundesstaates, war mit einem Mal bloß noch eine von zehn kreisfreien Städten in Oberfranken.

Bei der Gebietsreform von 1972, offenkundig von Süden her konzipiert, erlitt Oberfranken einen schmerzlichen Verlust: Der wirtschaftsstarke Raum um Höchstadt und Herzogenaurach fiel an Mittelfranken, ohne dass Oberfranken einen angemessenen Ausgleich erfahren hätte. Per Saldo büßte Oberfranken über 40.000 Einwohner und rund 300 km² Fläche ein und war damit der Hauptverlierer der Reform.

Von den ersten Siedlern bis ins Hochmittelalter

Erste menschliche Spuren im heutigen Oberfranken stammen aus dem Mittelpaläolithikum. An verschiedenen Orten, beispielsweise oberhalb von Kösten im oberen Maintal und wenige Kilometer entfernt auf dem Schneyer Berg, wurden, teilweise schon an der Wende vom 19. zum 20. Jh., rund 70.000 bis 80.000 Jahre alte Faustkeile und Schaber gefunden, aber auch Artefakte aus dem Mesolithikum.

Als im Neolithikum Menschen sich dauerhaft niederließen und begannen, Ackerbau zu treiben, wählten sie Siedlungsorte mit leichten Böden, die mit hölzernen Werkzeugen zu bearbeiten waren. Manche dieser ersten „Dörfer" lagen in der Nähe prägnanter Dolomitfelsen, die als Kultplätze dienten. Nur vereinzelt lassen sich Befestigungen durch umgebende Gräben nachweisen.

Unter den Siedlungen der Urnenfelderzeit, aus der zahlreiche Gräber erhalten sind, ragt die Heunischenburg bei Kronach heraus. Die dritte Anlage an diesem Platz, im 9. Jh. v. Chr. entstanden, gilt als älteste bekannte Steinbefestigung nördlich der Alpen. Da die Funde lediglich auf die Anwesenheit von Männern hinweisen, wird die Heunischenburg als Garnison gedeutet, die die Kupfer- und Zinntransporte aus Böhmen und dem Fichtelgebirge nach Westen sichern sollte.

Ebenfalls in der späten Bronzezeit entstanden größere, von einer Pfostenschlitzmauer umfangene Höhensiedlungen. Die bedeutendste unter ihnen dürfte in der Region die Ehrenbürg gewesen sein, ein Inselberg nahe Forchheim, nahe dem Zusammenfluss von Regnitz und Wiesent. Dieser Berg war seit dem 14. Jh. v. Chr. besiedelt und befestigt. Seine größte Bedeutung erlangte er in frühkeltischer Zeit, zwischen ungefähr 520 und 380 v. Chr. Rund 10.000 Kellergruben, die sich auf dem 36 Hektar großen Hochplateau nachweisen lassen, zeugen von einer dichten, stadtartigen Besiedlung. Aus derselben

Die Ehrenbürg bei Forchheim, 2012

Epoche sind auch kleinere, befestigte Höhensiedlungen im Bereich der nördlichen Frankenalb nachgewiesen (Kasendorf, Staffelberg, Burggaillenreuth u. a.).

In spätkeltischer Zeit (2./1. Jh. v. Chr.) erscheint als dominante Siedlung das Oppidum auf dem Staffelberg, das seit langem mit dem von Ptolemäus erwähnten *Menosgada* identifiziert wird. Es gliederte sich in eine Oberstadt auf dem Hochplateau als Wohnsitz der Elite und eine Unterstadt und war insgesamt 49 ha groß. Zur Albhochfläche war es durch eine mächtige Pfostenschlitzmauer gesichert. Ein imposantes Stadttor auf halber Höhe zum Maintal wurde 2018/19 ergraben. Münzfunde deuten auf wirtschaftliche Beziehungen zu Böhmen, der Nordschweiz, Manching und Rom hin; zwei eiserne Münzstempel zeigen an, dass auf dem Staffelberg Geld geprägt wurde. Dieses Oppidum wurde einige Jahrzehnte vor Christi Geburt aufgegeben.

Dass ankommende Germanen die Kelten verdrängten, lässt sich in Altendorf im Regnitztal südlich von Bamberg beobachten, wo neben einer spätkeltischen eine germanische Siedlung entstand. Gröbere Keramik germanischer Provenienz wird neben Resten feinerer, keltischer Gefäße gefunden.

Keltische Gefäße aus einer Kellergrube auf dem Staffelberg, ergraben in den 1980er Jahren

Die vorgeschichtlichen Bodendenkmäler konzentrieren sich auf den Westen des Regierungsbezirks, auf das Main- und Regnitzgebiet sowie die Frankenalb. Der Frankenwald, das Fichtelgebirge und das Hofer Land sind vergleichsweise fundarm und waren offenbar eher dünn besiedelt, in manchen Landstrichen womöglich bis ins hohe Mittelalter hinein.

Ab dem späten 4. Jh. n. Chr. drangen verschiedene germanische Völker ins heutige Oberfranken vor. Unter den wenigen Befestigungen der Spätantike zeichnet sich die Wehranlage auf dem Reisberg bei Scheßlitz am Westrand der Frankenalb aus. In ihrem Areal wurden ansehnlicher Schmuck und Geräte gefunden. Nach einigen Jahrzehnten wurde die Anlage gewaltsam zerstört.

Im Frankenreich

Seit dem 6. Jh. wurde der Westen des heutigen Oberfranken dem Frankenreich einverleibt. Die merowingischen Könige errichteten Königshöfe in Forchheim und Hallstadt. Sie lagen noch im frühen 9. Jh. an der Ostgrenze des Frankenreichs.

Als 741 der fränkische Hausmeier Karlmann das entstehende Bistum Würzburg mit Besitz ausstattete, übereignete er ihm den Zehnten von 26 königlichen Gütern, darunter der Königshof *Halazestat* (Hallstadt). Archäologische Befunde deuten darauf hin, dass ein Friedhof in Hallstadt spätestens seit dem frühen 6. Jh. bestand. Der Ort lag an einer Fernstraße von Erfurt nach Regensburg, und auch Ost-West-Verbindungen werden ihn wohl berührt haben. So gewann der Königshof über seine administrative Funktion hinaus gewiss Bedeutung als Handelsplatz.

Forchheim, ab 805 genannt, war bereits um die Mitte des 9. Jhs. Stätte von Hoftagen. 900 und 911 fand die Wahl des römischen Königs in der Pfalz an der Regnitz statt.

Zur Zeit Kaiser Karls des Großen (reg. 768–814) sind neben dem Königtum auch Große des Reichs bis aus dem Neckarraum nachgewiesen, die an der äußersten Ostgrenze des fränkischen Reichs begütert waren. Belegt ist dies durch mehrere Schenkungen an das Kloster Fulda im späten 8. und im 9. Jh. Unter jenen Familien errangen die wohl in der Wetterau beheimateten Popponen – in der modernen Geschichtsforschung so benannt nach einem Ahnherrn des Geschlechts – die stärkste Position im östlichen Franken. Sie errichteten wohl die Burg auf dem späteren Domberg von Bamberg oder verstärkten zumindest die Befestigung, wie Bodenfunde des 9. Jhs. nahelegen. Wegen dieses wichtigen Sitzes hat sich für die Familie die Bezeichnung „Babenberger" eingebürgert.

Wohl im 8. Jh. war das heutige Franken in Grafschaften gegliedert worden, in denen jeweils ein Graf als Vertreter der königlichen Gewalt amtierte. Dabei erlangte der Babenberger Heinrich († 886) die Grafenwürde sowohl im Grabfeldgau mit dem Mittelpunkt Münnerstadt als auch im Volkfeldgau, der sich von der Regnitz bis zum Maindreieck erstreckte, und im Radenzgau, der sich weitgehend mit dem jetzigen Oberfranken deckte.

Im späten 9. Jh. gerieten die Babenberger in immer schärfere Konkurrenz mit den Konradinern, die ihr Machtzentrum im heutigen Hessen hatten und von dem mit ihnen verschwägerten Kaiser Arnulf († 899) begünstigt wurden. Nach seinem

Tod wurde der Streit zwischen den beiden Familien ab 902 mit Waffengewalt ausgetragen, wobei die Babenberger 906 endgültig unterlagen. Der Babenberger Adalbert wurde hingerichtet, Bamberg fiel in königliche Hand. 973 schenkte es Kaiser Otto II. (reg. 973–983) seinem bayerischen Vetter, Herzog Heinrich dem Zänker (reg. 955–976 und 985–995).

Die Markgrafen von Schweinfurt

Trotz der Niederlage der Babenberger behaupteten ihre mutmaßlichen Nachkommen, die Grafen von Schweinfurt, eine starke Position im östlichen Franken. Kurz vor der Mitte des 10. Jhs. können wir die Familie mit Graf Berthold († 980) erstmals fassen. Dieses einflussreiche Geschlecht wird in der Mittelalterforschung nach einer ihrer Hauptburgen, nämlich Schweinfurt, benannt, doch residierten die Grafen ebenso in Sulzbach, Oberammerthal, Hersbruck, Creußen, Kronach, Burgkunstadt und Banz.

Sie vereinten in ihrer Hand drei Grafschaften: den Volkfeldgau, den Radenzgau und den südöstlich anschließenden Nordgau. Das Geschlecht dominierte damit ein Gebiet, das vom Mainknie bei Schweinfurt bis an den Regen und den Böhmerwald reichte und den größten Teil des heutigen Oberfranken einschloss. „Markgraf" *(marchio)* nannten sich die Schweinfurter, um ihre besondere Würde als dreifache Grafen zu betonen.

Einen Einbruch erlebte ihre Macht durch den Aufstand des Grafen Heinrich (Hezilo) gegen König Heinrich II. († 1024). Hezilo hatte dem bayerischen Herzog Heinrich 1002 geholfen, die Königswürde zu erlangen. Doch danach fühlte Markgraf Hezilo sich um den politischen Lohn, nämlich die bayerische Herzogswürde, betrogen. Er erhob sich gemeinsam mit dem polnischen König Bolesław Chrobry († 1025) gegen den König. Hezilo wurde 1003 geschlagen und verlor seine Grafschaften und königlichen Lehen. Immerhin behielt er seine umfangreichen Eigengüter, die er möglicherweise in der Folge stärker durchdrang. Der Ortsname „Heinersreuth", der im

Raum Kulmbach/Bayreuth siebenmal vorkommt, mag in mehreren Fällen auf Rodungen unter Graf Heinrich/Hezilo zurückgehen. Weiterhin besaßen die Schweinfurter die Vorherrschaft rund um den Obermainbogen und in der nördlichen Frankenalb.

Andererseits war, weil der Schweinfurter seine Grafschaften verloren hatte, ein Machtvakuum entstanden, das Hezilo nach einer gewissen Frist erneut zu füllen drohte. Um dies zu vereiteln, gründete Kaiser Heinrich II. 1007 das Bistum Bamberg. Er stattete es mit reichem Besitz aus, der sich im Regnitztal ballte: ehemalige Königsgüter, dazu die Grafenwürde im Radenzgau und vielleicht weitere dem Schweinfurter genommene Lehen. Zugleich zielte die Schaffung eines geistlichen Zentrums in Bamberg auf die Missionierung der letzten „heidnischen" Bevölkerungsreste ab.

Das neue Bistum Bamberg

Die Christianisierung Oberfrankens hatte wohl im 6. Jh. begonnen. 793 ordnete Karl der Große dann an, dass das Bistum Würzburg 14 sogenannte „Slawenkirchen" im Radenzgau errichte. Dies waren Taufkirchen für die wohl im 7. Jh. zugewanderten, noch nicht für das Christentum gewonnenen Slawen. Zu diesen Gotteshäusern zählt gewiss Seußling, wo diese Annahme durch archäologische Befunde gestützt wird, ferner wohl Amlingstadt, Kirchschletten, Bischberg, Trunstadt, Uetzing und Modschiedel. Für ihre anfängliche Funktion spricht das Patrozinium: Sie waren allesamt Johannes dem Täufer geweiht.

Im 9. und 10. Jh. kamen weitere Kirchen hinzu, deren Verbindung zu Würzburg am Kilians-Patrozinium sichtbar ist, so in Buttenheim, Heiligenstadt, Hallstadt, Scheßlitz, Königsfeld und Staffelstein. Vor der Gründung des Bistums Bamberg bestand also im westlichen Oberfranken ein dichtes Netz geistlicher Stützpunkte. Dennoch hielten sich lange nicht-christliche Siedlungen. Nur wenige Kilometer neben der karolingerzeitlichen Kirche von Altenkunstadt findet sich ein Gräberfeld des

Der Bamberger Dom

> Der erste Bamberger Kathedrale wurde 1012 geweiht, nach einem Brand 1081 erneuert und durch ein erneutes Schadenfeuer 1185 vernichtet. Den Abschluss des Neubaus bildete die Weihe im Jahr 1237. Weisen die östlichen Teile noch romanische Formen auf, so zeigen die westlichen Abschnitte, zumal die Türme, deutlich den Einfluss der frühen französischen Kathedralgotik. Der Innenraum, ab Mitte des 17. Jhs. barock umgestaltet, wurde auf Geheiß König Ludwigs I. von Bayern zwischen 1829 und 1837 purifiziert, also seiner nachgotischen Raumzier und Ausstattung weitgehend beraubt.
>
> Hauptsehenswürdigkeit des Doms bildete bis ins 18. Jh. sein überreicher Reliquienschatz, der dem Volk vor der Reformation in siebenjährigem Turnus auf dem Domplatz präsentiert wurde ("Heiltumsweisung"). Im 19. und 20. Jh. rückten mehr die mittelalterlichen Skulpturen ins Augenmerk der Besucher, namentlich der in seiner Deutung umstrittene "Bamberger Reiter".
>
> Der Dom birgt das Grab des Papstes Clemens II. († 1047), der zuvor unter seinem Taufnamen Suidger Bischof von Bamberg war und diese Würde als Pontifex beibehielt. Ferner ist im Kircheninneren das heilige Kaiserpaar Heinrich († 1024) und Kunigunde († 1046) beigesetzt. Ihr Hochgrab, von 1499 bis 1513 entstanden, ist ein Werk des Würzburger Bildhauers Tilman Riemenschneider († 1531).

10. Jhs. am Rand von Weismain; die Lage des Bestattungsplatzes abseits des Wohnplatzes und die Zerschlagung von Gebeinen einige Zeit nach der Beisetzung sprechen für eine nichtchristliche Population. Solche Personengruppen sollten nun durch die Gründung des Bistums Bamberg vollends für den christlichen Glauben gewonnen werden.

Zu solchen missionarischen Motiven und den machtpolitischen Gründen, die Heinrich II. zur Schaffung des Bistums Bamberg bewogen, kam sein Bestreben, sich eine Grablege zu schaffen. Bamberg sollte der Ort sein, an dem nach seinem Tod für ihn gebetet und seiner gedacht werde. In der Tat liegt das Kaiserpaar Heinrich und Kunigunde im Dom zu Bamberg begraben, und die Bamberger Bischöfe haben im 12. Jh. die Heiligsprechung des kinderlosen Kaisers mit Erfolg betrieben.

Der kaiserliche Stifter rief neben dem Bistum auch ein Chorherrenstift am Dom ins Leben und stattete diese Kanonikergemeinschaft, das Domkapitel, großzügig mit Besitz aus. Ferner gründete er in Bamberg das Benediktinerkloster St. Michael auf einer Anhöhe über dem linken Regnitzarm. In der Folge entstand ein weiteres Chorherrenstift in der Bischofsstadt, St. Stephan, dem später noch die Stifte St. Jakob und St. Gangolf folgten. Kaiser Heinrich empfing 1020 in Bamberg Papst Benedikt VIII. († 1024), der gekommen war, um militärische Hilfe in Italien zu erlangen. Bei dieser Gelegenheit weihte der Pontifex zwei Kirchen, darunter St. Stephan.

Bamberg war ein vergleichsweise junges Bistum, das erst ein Vierteljahrtausend nach den benachbarten Diözesen Würzburg und Eichstätt entstand. Um den Makel der Jugend zu tilgen, beschenkte Kaiser Heinrich seine Gründung reichlich. Er entzog dabei anderen Orten prachtvolle Handschriften und wohl auch Reliquien, um Bamberg auszustatten, wie ein Mönch von Petershausen bei Konstanz beklagte: „Da nun der König

Heinrich und Kunigunde mit dem Modell des Bamberger Doms. – Abbildung aus dem Bamberger Heiltumsbuch (illustriertes Verzeichnis der Reliquien im Dom) von 1509

Bamberger Dom, Blick zum Ostchor; im Vordergrund das Kaisergrab, 1903

Heinrich allerorts aus anderen Kirchen das, was zur Ausstattung und zum Glanz des von ihm gegründeten Hochstifts nötig war, aufs eifrigste zusammenholte, beraubte er durch seine Forderungen viele Orte, bis er seine Kirche über alles Maß bereichert hatte." Bamberg erlangte auf diese Weise einen reichen Domschatz. Abt Gerhard von Seeon rühmte Bamberg 1012 als „deutsches Rom", ja gar als „Haupt der Welt".

Die neue Diözese entstand gegen den erbitterten Widerstand des Würzburger Oberhirten, der den Osten seines Bistums abgeben musste. Deshalb trat die Würzburger Kirche nur so viel ihres geistlichen Bezirks ab wie nötig. Bamberg lag daher nicht im Zentrum, sondern am äußersten Rand der neuen Diözese. Eine der beiden großen Stadtpfarreien, die Obere Pfarre zu Bamberg, die sich bis ins Aurachtal erstreckte, grenzte an das Bistum Würzburg. Ein erheblicher Teil des westlichen Oberfranken gehörte bis ins frühe 19. Jh. zum geistlichen Sprengel des Würzburger Bischofs. Dies gilt namentlich für die Orte rechts des oberen Mains.

Um die Diözese Bamberg nach Süden auszudehnen, wartete Heinrich II. den Tod des mit ihm verwandten Eichstätter Bischofs Megingaud († 1015) ab und bewegte erst dessen Nachfolger Gundekar († 1019), den Raum zwischen Schwabach und Pegnitz an Bamberg abzutreten. Damals kam der Landstrich um Nürnberg und Fürth zum geistlichen Sprengel von Bamberg. Die ausgedehnte Pfarrei *Rekkenze* (Hof a. d. Saale) wurde zu einem unbekannten Zeitpunkt, offenbar im 11. oder 12. Jh., Teil des Bistums Bamberg, während sie zuvor wohl zur Diözese Zeitz, später Naumburg, gehört hatte.

Die frühe territoriale Entwicklung des Hochstifts Bamberg

Der Besitz, den der kaiserliche Gründer dem Bamberger Bischof übertragen hatte, lag keineswegs nur in Franken; vielmehr erstreckte er sich weit nach Süden. Die Alte Kapelle beim Herzogshof in Regensburg war beispielsweise bambergisch. Zur ursprünglichen Ausstattung Bambergs zählten Güter in der Nähe wichtiger Alpenpässe; diesen Besitz konnten die Bischöfe nach und nach erweitern, ohne aber ein geschlossenes Territorium zu bilden. Der Schwerpunkt ihres Einflussgebiets im Alpenraum lag nördlich und nordöstlich der Karawanken, vor allem in den Tälern von Drau und Lavant. Insgesamt 22 Ämter umfasste im Spätmittelalter der bambergische Besitz, der sich auf Kärnten, Ober- und Niederösterreich sowie die heutige italienische Provinz Udine verteilte. Den Zentralort der Kärntner Besitzungen bildete Wolfsberg; wichtig waren Villach, Griffen, St. Leonhard und Feldkirchen.

Hingegen fiel den Bischöfen die herrschaftliche Expansion nördlich und östlich ihrer Stadt nicht leicht, denn am Obermain und auf der Frankenalb dominierten die Erben der Schweinfurter und verhinderten zunächst eine territoriale Ausdehnung der

Bamberger Kirche. Als 1059 die Grafen von Schweinfurt im Mannesstamm ausstarben, wurde der reiche Besitz unter die Witwe und vier Töchter des Grafen Otto aufgeteilt. Ihm, dem letzten männlichen Vertreter des Geschlechts, war 1048 noch der Aufstieg zum Herzog von Schwaben gelungen.

Alberada, eine Tochter Ottos von Schweinfurt, erbte das Land zwischen Main und Itz mit der Hauptburg Banz. Sie schenkte schon bald einen Teil ihres Besitzes der Bamberger Kirche. Das Benediktinerkloster, das sie gemeinsam mit ihrem Mann Hermann von Habsberg-Kastl, um 1070 in diese Burg stiftete, übertrug sie, obwohl der Ort in der Diözese Würzburg lag, dem Bamberger Bischof als Eigenkloster. Bamberg fasste damit endgültig im Obermainbogen Fuß.

Bischof Otto I. von Bamberg

Der von 1102 bis zu seinem Tod 1139 an der Spitze seiner Diözese stehende Bischof Otto I. von Bamberg war eine herausragende, weit über die Bistumsgrenzen hinaus tätige Stiftergestalt. Er war Gründer bzw. Mitgründer der Benediktinerklöster Arnoldstein in Kärnten, Aura a. d. Saale, Prüfening bei Regensburg, Michelfeld, Ensdorf a. d. Vils, Biburg bei Kelheim, der Augustinerchorherrenstifte Aldersbach und Windberg, des Prämonstratenserklosters Veßra sowie der Zisterzienserabtei Heilsbronn. Die meisten dieser Klöster dienten als Stützpunkte der weltlichen Macht Bambergs. Otto zog zweimal nach Pommern (1124/25 und 1128) und verbreitete dort das Christentum. Der „Apostel der Pommern" wurde 1189 als einziger Bamberger Bischof heiliggesprochen.

Von Kaiser Heinrich V. (reg. 1106–1125) ließ sich Bischof Otto I. von Bamberg 1122 den Besitzkomplex Kronach übertragen, der von den Schweinfurtern an das böhmische Herrschergeschlecht der Přemysliden und von diesen an das salische Herrscherhaus übergegangen war. Alsbald errichtete der Bischof bei Kronach eine Befestigung, wohl die Keimzelle der späteren Festung Rosenberg.

Einen weiteren bambergischen Stützpunkt bildete die Zisterzienserabtei Langheim, die 1132/33 links des oberen Mains von Ministerialen gegründet wurde. Hinter dieser Gründung stand Bischof Otto I. Das Kloster sollte die fürstbischöfliche Herrschaft in diesem Raum festigen, geriet jedoch bald unter den Einfluss einer weltlichen Familie: der Grafen von Andechs.

Der Aufstieg der Andechs-Meranier

Wohl durch eine Ehe mit Sophie aus der Familie der Grafen von Weimar hatte im frühen 12. Jh. Graf Berthold von Andechs im heutigen Oberfranken Fuß gefasst. Seine Frau scheint Besitz im Raum Coburg als Mitgift in die Ehe gebracht zu haben.

Berthold entstammte einer Familie, die bereits um die Jahrtausendwende mit einflussreichen Geschlechtern versippt war. Der am frühesten nachweisbare Besitz der Familie lag um Wasserburg am Inn, auch in Tirol. Kurz nach Mitte des 11. Jhs. benannte sich eine Linie nach der Burg in Dießen am Ammersee, später nach der nahen Burg Andechs. Durch eine zweite Ehe mit der Tochter eines Grafen von Vornbach, dessen Machtzentrum an Inn und Ilz lag, erlangte Berthold offenbar Besitz in Burgkunstadt und Kulmbach. Jedenfalls nannte er sich ab 1135 *comes de Plassenperch* nach der Plassenburg ob Kulmbach.

Sein Sohn Poppo († 1148) erweiterte die Macht in Ostfranken, indem er die Erbtochter des Grafen Reginboto von Giech heiratete. Er erwarb dadurch Besitz im Obermainbogen und auf der nördlichen Frankenalb, der aus dem schweinfurtischen Erbe stammte. Der andechsische Machtbereich blockierte nunmehr eine weltliche Expansion der Bamberger Kirche im Osten und Nordosten.

Poppos Bruder und Erbe, Graf Berthold III. († 1188), beerbte die Wolfratshausener Linie seines Geschlechts und stieg überdies zum Markgrafen von Istrien auf, offenbar in der Nachfolge seines Großvaters, des Grafen von Weimar. Wenig später, 1180, als die Wittelsbacher die bayerische Herzogswürde erlangten, erhob Kaiser Friedrich Barbarossa Bertholds gleichnamigen Sohn zum Herzog von Meranien. Es mag Barbarossa darum zu tun gewesen sein, die Gleichrangigkeit der beiden mächtigsten bayerischen Familien zu verdeutlichen.

Die Heiraten der Töchter von Herzog Berthold IV. († 1204) hatten europäische Dimension: Der König von Frankreich, der König von Ungarn, der Herzog von Schlesien waren seine Schwiegersöhne. Zwar waren die andechs-meranischen Töchter womöglich Instrumente kaiserlicher Bündnis-, sprich: Heiratspolitik, doch spiegelten die Verbindungen jedenfalls deutlich den Rang- und Machtzuwachs der Andechs-Meranier.

Auch in der Reichskirche gewann die Familie an Gewicht. Der Bruder Bertholds III., Otto († 1196), wurde erst Bischof von Brixen, 1177 dann Bamberger Oberhirte. In der Folge besetzten – von einer kurzen Pause abgesehen – bis 1242 Andechser den Bamberger Bischofsstuhl. Dies bedeutete einen Einflussgewinn im östlichen Franken, denn das jahrzehntelange Gegeneinander der Bamberger Kirche einer- und der Andechser andererseits wich schlagartig einem engen Miteinander – und Profiteur war hierbei die Familie.

Ein Sohn Herzog Bertholds wurde durch den Einfluss seiner Schwester, der ungarischen Königin, Erzbischof von Kalocsa in Südungarn, später Patriarch von Aquileia. Das Geschlecht hatte zu Lebzeiten des letzten Herzogs sogar eine notable Heilige vorzuweisen, denn Elisabeth von Thüringen († 1231), vier Jahre nach ihrem Tod kanonisiert, entstammte mütterlicherseits dem Haus Andechs-Meranien. Ihr Onkel, Herzog Otto I., schloss 1208 die Ehe mit der Barbarossa-Enkelin Beatrix († 1231), Erbin der Pfalzgrafschaft Burgund. Nun beherrschten die Andechs-Meranier vollends ein europäisches Reich, das Gebiete und Rechte in Franken und Bayern, Istrien und Dalmatien, Tirol und Burgund umfasste.

Während die Andechs-Meranier in ihren bayerischen Herrschaften gegenüber den Wittelsbachern in die Defensive gerieten, verfestigte sich ihre beherrschende Stellung in Franken. Das Kloster Langheim, seit 1180 unter meranischer Hoheit stehend, löste Dießen als Grablege und Hauskloster der Familie ab. Die Herzöge von Andechs-Meranien beschenkten die Zisterzienserabtei großzügig.

FRANKEN IM BUCH

EDITHA WEBER
GROSSE FÜRSTINNEN UND IHRE GÄRTEN
Spaziergänge durch sieben der schönsten Schlossparks in Deutschland

Eine faszinierende Gartenreise in die Vergangenheit – auch durch die Schlossparks von Bayreuth.

160 S., durchg. z. T. farb. bebildert, Hardcover
ISBN 978-3-7917-3030-1, € (D) 22,–

NEU

GÜNTER BERGER
WILHELMINE VON BAYREUTH
Leben heißt eine Rolle spielen

Wilhelmine hinterlässt als Zeugnisse, aus Bayreuth eine würdige Residenzstadt gemacht zu haben: Eremitage, Neues Schloss und das prachtvolle Opernhaus.

240 S., 8 S. Farbbildteil, geb. mit SU
ISBN 978-3-7917-2820-9
€ (D) 24,95 / auch als eBook

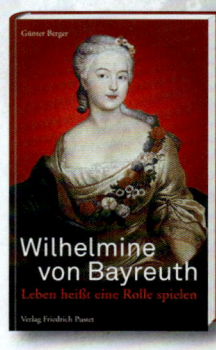

TRACHT

MEIKE BIANCHI KÖNIGSSTEIN
KLEIDUNGSWIRKLICHKEITEN
Mode und Tracht zwischen 1780 und 1910 in Oberfranken

Was ist »Mode«? Was ist »Tracht«? Mit zahlreichen Illustrationen bietet das Buch einen neuen Blick.

eISBN 978-3-7917-7244-8, **€ (D) 23,99**
nur als eBook erhältlich

Es fügte sich für die Andechser, dass um 1180 die Grafen von Wohlsbach, die eine starke Stellung östlich von Coburg besaßen und mit der Benediktinerabtei Mönchröden sogar über ein eigenes Hauskloster verfügten, im Mannesstamm erloschen. Die Grafen von Abenberg-Frensdorf, die erbliche Hauptvögte des Hochstifts Bamberg waren, starben 1199 oder 1200 aus, ebenso mehrere edelfreie Familien. Andere Edelfreie unterstellten sich als Ministeriale den Meraniern oder gerieten, wie die Walpoten, zumindest unter ihren politischen Einfluss.

Sichtbare Spuren hinterließen die Meranier, indem sie Städte gründeten. Das heutige Oberfranken war bis um 1200 ein städteloser Raum. In Bamberg gab es Kaufmanns- und Händlersiedlungen im Sand, dem schmalen Streifen Schwemmland unterhalb der Domburg, sowie auf der Insel zwischen den beiden Regnitzarmen. Diese Siedlungen wurden jedoch erst im Lauf des 13. Jhs. befestigt und bildeten seit dieser Zeit Rechtskörperschaften. Auch der einstige Königshof Forchheim avancierte nicht vor dem 13. Jh. zur Stadt. Daneben existierten bloß schwach befestigte Märkte, häufig am Sitz ausgedehnter Pfarreien.

Die Stadt in Oberfranken

Oberfranken ist eine ausgesprochen städtereiche Landschaft. Wesentlich für eine Stadt waren wirtschaftliche Vorrechte wie das Marktrecht und der exklusive Anspruch der Handwerker oder Brauer, das Umland zu beliefern. Ein wichtiges Kennzeichen war die Stadtmauer. Baunach und Kasendorf beispielsweise erhielten zwar im 14. Jh. das Stadtrecht, galten aber, weil die Mauer fehlte, als Märkte; Baunach erlangte erst 1954 den Rang einer Stadt. Zentrales Element der Stadteigenschaft war die Tatsache, dass dem Stadtherrn nicht der einzelne Bürger als Untertan gegenübertrat, sondern die Bürgerschaft als Ganzes. Die Bürger, einander in einer Schwurgemeinschaft (Bürgereid) verbunden, regelten Streitigkeiten unter sich; die Befugnisse der fürstlichen Beamten waren bezüglich der vollberechtigten Stadtbewohner eingeschränkt. Sichtbares Zeichen der Bürgerschaft als Rechtspersönlichkeit war das Stadtsiegel.

Das Uraufnahmeblatt von Weismain, entstanden 1855, zeigt noch die ursprüngliche Struktur der Stadt, die auf die Andechs-Meranier zurückgeht. In der Nordecke befand sich die Herzogspfalz, der spätere Kastenhof.

Erst die Andechs-Meranier scheinen planmäßig Städte angelegt zu haben. Lichtenfels, Weismain, Scheßlitz und Bayreuth dürfen mit einiger Wahrscheinlichkeit als ihre Gründungen angesehen werden, wohl auch Hof an der Saale. Bei Herzogenaurach deutet der Ortsname womöglich auf die Herzöge von Meranien hin. Unsicher ist die Entstehungszeit – und damit die Frage nach dem Stadtgründer – im Fall von Kulmbach, Coburg und Neustadt bei Coburg. Die vier erstgenannten Städte ähneln sich in ihrer Struktur: Die Hauptdurchgangsstraße weitet sich innerorts zum Straßenmarkt. An einer Ecke des Mauerrings findet sich die Pfalz des Stadtherrn, die von außen durch ein gesondertes Tor zugänglich und zur restlichen Stadt hin befestigt war. Neuralgische Flanken der Stadt waren durch Ministerialensitze innerhalb der Ummauerung zusätzlich gesichert.

Wandlungen im Spätmittelalter

Der Zerfall der meranischen Herrschaft

Im Juni 1248 starb mit Otto II. der letzte Herzog von Andechs-Meranien auf seiner Burg Niesten bei Weismain. Der Dreißigjährige hinterließ keine Kinder. Um sein Erbe entspann sich ein langjähriger Streit unter seinen drei in Franken ansässigen Schwestern, deren Ehemännern und Söhnen. Auch der Bischof von Bamberg, dem seine an den Herzog vergebenen Lehen heimfielen, war Partei in der Auseinandersetzung, ebenso Graf Poppo von Henneberg, der erst wenige Jahre zuvor westlich von Coburg Fuß gefasst hatte und zeitweilig das bambergische Heer im Erbfolgestreit führte. Auch niederadlige Familien suchten in den zwölf Jahren des Ringens ihren Vorteil.

Als 1260 der Erbfolgestreit endete, hatte sich Bamberg die Herrschaft über Lichtenfels und das nahe Kloster Langheim gesichert. Der Burggraf von Nürnberg aus dem Haus Zollern erlangte Bayreuth. Kulmbach fiel an den Grafen von Orlamünde. In Scheßlitz und Baunach behauptete sich der Edelfreie von Truhendingen (benannt nach der Stammburg Hohentrüdingen bei Wassertrüdingen). Coburg und sein Umland brachte der Graf von Henneberg an sich, und im Gebiet um Hof erscheinen die Vögte von Weida als neue Herren. Das meranische Land zerfiel also in verschiedene Machtblöcke.

Daneben konnten sich weitere Herren entfalten. Ab dem späten 13. Jh. expandierten die edelfreien Herren von Schlüsselberg, deren gleichnamige Stammburg nahe Waischenfeld stand, von Pegnitz quer durch die nachmals so genannte Fränkische Schweiz bis in den Steigerwald hinein. Sie gründeten die Städte Waischenfeld, Ebermannstadt und das nach ihnen benannte Schlüsselfeld; ferner stifteten sie ein Frauenkloster als Familiengrablege, dem sie ebenfalls den Namen gaben: Schlüsselau.

Burgruine Niesten. In dieser Burg starb 1248 der letzte weltliche Andechs-Meranier. – Zeichnung von Carl August Lebschée, um 1850

Auch andere Edelfreie und sogar Ministerialen vermochten eine gewisse Machtposition zu entwickeln, etwa die Herren von Sparneck im westlichen Fichtelgebirge, die sich mit Münchberg eine Stadt schufen, oder die Herren von Schaumberg am Südhang des Thüringer Waldes. Die einflussreicheren Herren festigten ihre Herrschaftsbereiche anfangs mit den altbewährten Mitteln des Burgenbaus und der Klostergründung. So errichtete Graf Poppo von Henneberg eine Burg (Liebenburg bei Oberbrunn, Markt Ebensfeld) inmitten bambergischen Gebiets, während der Bischof durch ein ihm unterstehendes Frauenkloster (Sonnefeld) den Machtbereich des Hennebergers zu beschneiden suchte.

Ab den 1320er Jahren wurden dann mehr und mehr Städte zum Instrument, durch das die Herrschenden das Erreichte sichern und womöglich einen Brückenkopf für eine Expansion schaffen wollten. Daher entstanden die ostfränkischen Städte in den Randzonen des jeweiligen Territoriums. Rings um Bamberg, im Kern des Hochstifts, liegt ein weitgehend städteloser Raum. Dagegen gründeten die Bischöfe Städte an der Peripherie: Teuschnitz, Stadtsteinach und Kupferberg im Norden, Pottenstein und Hollfeld im Osten, Höchstadt an der Aisch im Südwesten, Zeil am Main im Westen.

Nicht immer entstand tatsächlich eine Stadt; schon die kaiserliche Befugnis, sie zu gründen, konnte Mittel der Politik sein. 1328 gewährte der Kaiser dem Burggrafen Friedrich IV. von Nürnberg († 1332) für sieben Ortschaften das Stadtrecht. Nur eine von ihnen, Wunsiedel im Fichtelgebirge, ist tatsächlich Stadt geworden. In den übrigen Fällen diente das kaiserliche Privileg offenbar als politisches Faustpfand, mit dessen Hilfe man den Nachbarn unter Druck setzen konnte.

Franken wurde in der Regierungszeit von Ludwig dem Bayern (reg. 1328–1347) und Karl IV. (reg. 1355–1378) binnen weniger Jahrzehnte ein städtereicher Raum. Die Randlage der meisten Städte aber führte dazu, dass diese in ihrer Entwicklungsmöglichkeit von Beginn an buchstäblich begrenzt waren. Ohne Einzugs- und Absatzgebiet blieben sie klein.

Umwälzungen im 14. Jahrhundert

Im Lauf des 14. Jhs. schieden mehrere politische Akteure aus dem oberfränkischen Machtgefüge aus. Konrad von Schlüsselberg wurde 1347, als er wegen einer neu eingerichteten Zollschranke im Krieg mit den Hochstiften Bamberg und Würzburg sowie dem Burggrafen von Nürnberg stand, bei der Verteidigung seiner Burg Neideck von einem Wurfgeschoss tödlich getroffen. Mit ihm erlosch sein Geschlecht. Den Großteil seines Besitzes übernahmen die Bischöfe von Bamberg und Würzburg – zwei leibliche Brüder, Friedrich und Albrecht von Hohenlohe – zunächst gemeinsam. 1390 teilten ihre Nachfolger die Güter untereinander auf.

Die Truhendinger, an sich nur Edelfreie, die aber den Grafentitel führten, waren die schwächsten unter den Erben der Andechs-Meranier. Fortwährend befanden sie sich in Geld-

Spätmittelalterlicher Kreuzgang des Klosters Himmelkron (Aufnahme 1965)

nöten, und so gelang es dem Bamberger Bischof, sie zu verdrängen. 1308 kaufte er Scheßlitz und mehrere Burgen, darunter Giech und Gügel, sowie das jeweilige Umland von Graf Friedrich von Truhendingen und seinen Söhnen, doch 1318 gelang ihnen, zumal der Kaufpreis noch nicht voll gezahlt war, der Rückerwerb.

Endgültig hatte Bamberg erst Jahrzehnte später Erfolg. Nachdem Graf Johann von Truhendingen böhmische Kaufleute ausgeraubt hatte, verurteilte ihn 1381/82 König Wenzel zu einer erheblichen Strafe und beschlagnahmte, um die Zahlung zu gewährleisten, die Burgen Arnstein und Neuhaus; schließlich veräußerte der König sie dem Bamberger Bischof. Wenig später brachte der Oberhirte auch den truhendingischen Besitz um Scheßlitz an sich: 1384 kaufte er dem von Gläubigern gepeinigten Grafen Johann seine Hälfte ab, 1390 dessen Halbbruder Oswald die andere Hälfte.

Obendrein erwarb der Bamberger Bischof in den 1380er Jahren vom Kloster Langheim, das allzu ehrgeizig versucht hatte, seinen Besitz abzurunden, wodurch es in eine wirtschaftliche Krise gerutscht war, umfangreiche Besitzkomplexe im Frankenwald um die Stadt Teuschnitz und um den Markt

Marktleugast. Damit verlor die Abtei genau solche Güter, die der fürstbischöflichen Herrschaft bis dahin weitgehend entzogen waren.

Das Erbe der Andechs-Meranier in und um Kulmbach, Trebgast, Berneck, Goldkronach hatten Neffen des letzten Herzogs angetreten: die Grafen Hermann († 1283) und Otto († 1285) von Orlamünde aus einem thüringischen Geschlecht, dessen Stammburgen in Weimar, Rudolstadt und Orlamünde standen. Als Hauskloster stiftete Otto im Jahr 1279 die Zisterzienserinnenabtei Himmelkron; dort war die Grablege des Geschlechts.

Einige Jahrzehnte später zogen sich die Orlamünde aus Franken zurück. Der letzte über Kulmbach herrschende Graf, in kinderloser Ehe verheiratet, schloss einen Erbvertrag mit dem Burggrafen von Nürnberg, der wenig später Wirklichkeit wurde: 1340 ergriff Burggraf Johann († 1357) von der Plassenburg, der Stadt Kulmbach und dem Umland Besitz.

Überdies waren die edelfreien Walpoten im beginnenden 14. Jh. ausgestorben. Die Vögte von Weida verpfändeten Hof samt Umland erst an die Zollern und verkauften es ihnen schließlich.

Unter den Erben der Andechs-Meranier behaupteten sich langfristig also zwei Kräfte: der Bischof von Bamberg und der Burggraf von Nürnberg. Im Coburger Land setzten sich die Grafen von Henneberg durch. Sogar das reich begüterte Kloster Sonnefeld, das als Bollwerk gegen ihr Vordringen gegründet worden war, brachten sie unter ihren Einfluss. 1291 fiel der Besitzkomplex an den mit einer Hennebergerin verheirateten Markgrafen Otto von Brandenburg († 1298). Dessen Enkelin Jutta schloss 1312 die Ehe mit einem Grafen von Henneberg-Schleusingen, sodass das Coburger Land wieder an dieses Geschlecht fiel. Allerdings hatte dieser Henneberger keinen männlichen Erben. Seine Witwe teilte die Herrschaft unter ihre drei Töchter auf. Den Raum Coburg erhielt dabei Katharina, die Markgraf Friedrich den Strengen von Meißen zum Mann hatte. Mit ihm wurde 1353 ein Wettiner zum Herrn des Coburger Landes. Seine Nachkommen regierten hier bis 1918.

Das Hochstift Bamberg

Nach den Erwerbungen, die dem Bamberger Bischof im späten 14. Jh. von den Truhendingern, aus dem Erbe der Schlüsselberger und vom Kloster Langheim gelungen waren, konnte er sein Hochstift nicht mehr nennenswert erweitern. Nur gelegentlich wurde ein kleiner Komplex, der an eine Ritterfamilie als Mannlehen ausgegeben war, nach deren Aussterben in bischöfliche Verwaltung genommen. Nach der Reformation zog der Bischof auch den Besitz aufgehobener geistlicher Institutionen – des Chorherrenstifts Neunkirchen am Brand und der Frauenklöster Schlüsselau sowie St. Maria und Theodor in Bamberg – ein.

Das Hochstift erstreckte sich vom Amt Teuschnitz im Norden bis nach Marloffstein vor den Toren Erlangens und nach Herzogenaurach im Süden. Es reichte im Nordosten bis nach Kupferberg und Marktschorgast, im Südosten bis Pottenstein, im Westen bis Zeil am Main (heute Unterfranken). Mehrere Landesteile waren ohne räumliche Verbindung zum Kernland: das Amt Zeil am Main, das von würzburgischem Gebiet umschlossen war, und das Amt Vilseck in der Oberpfalz, das sich inmitten wittelsbachischen Territoriums befand. Die größten Exklaven lagen in Kärnten und Österreich. 1674 wurden diese Güter mediatisiert: Die landesherrliche Gewalt ging vom Bamberger Fürstbischof an die Habsburger über; nur grundherrliche Rechte blieben bei Bamberg. Vollends verkaufte der Bischof seine in den habsburgischen Erblanden gelegenen Ämter 1759 an Kaiserin Maria Theresia.

Auch innerhalb Frankens bildete das Hochstift Bamberg kein geschlossenes Herrschaftsgebiet, und es besaß keine eindeutigen, klar zu ziehenden Grenzen. Die Hochgerichtsbarkeit spielte zwar für die Herausbildung und für das Selbstverständnis der fürstlichen Herrschaft die zentrale Rolle, aber seine Herrschaft konnte der Fürstbischof nur an den Orten oder auf den Anwesen durchsetzen, wo er selbst oder ihm

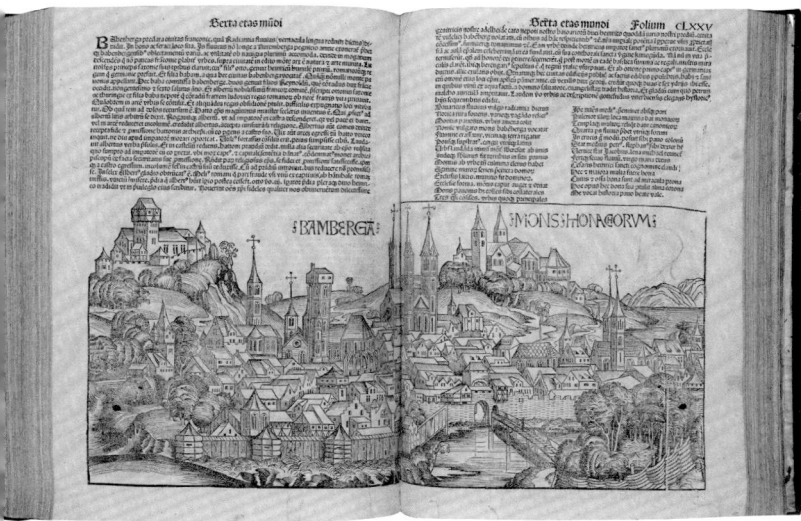

Ansicht Bambergs in der „Weltchronik" des Nürnberger Arztes Hartmann Schedel, 1493

unterstehende Körperschaften grundherrliche Rechte besaßen. Grundlage und Ausgestaltung der Landeshoheit waren alles andere als einheitlich. Der Fürstbischof beherrschte in Franken zuletzt 19 Städte, 23 Märkte und mehr als 700 Dörfer, aber die Basis und die Form seiner Herrschaft unterschied sich von Ort zu Ort.

Im 15. Jh. regierte der Bischof selten über das gesamte Hochstiftsgebiet, denn es kam vor, dass das Hochstift, chronisch an Geldknappheit leidend, einzelne Orte oder ganze Ämter verpfändete. Gegen ein Darlehen – oft von Niederadligen – übereignete der Bischof dem Gläubiger Hochstiftsbesitz mit dem Recht des Rückkaufs; durch diese Verpfändung waren das Kapital gesichert und die Zinszahlung in Gestalt der anfallenden Abgaben gewährleistet. Der Geldgeber wurde – zugespitzt formuliert – Landesherr auf Abruf. Häufig blieben Ämter für wenige Jahre verpfändet, manchmal für Jahrzehnte. Dies kam jedoch nach dem 16. Jh. nicht mehr vor.

Der Fürstbischof

Der Landesherr im Hochstift Bamberg, der Fürstbischof, wurde seit dem 12. Jh. von den vollberechtigten Mitgliedern des Domkapitels gewählt, zumeist in geheimer Wahl und mit Hilfe von Stimmzetteln. In der Regel kürten die Domherren einen der ihren zum Fürstbischof: Sämtliche Träger dieses Amtes seit 1500 hatten vor ihrer Wahl dem Bamberger Domkapitel angehört. Alle Bischöfe führten die Regierung selbst, denn minderjährige Fürstensöhne bestiegen den Bischofsstuhl nie, da das Hochstift nicht in der unmittelbaren Einflusssphäre eines größeren weltlichen Fürstentums lag. Die Gewählten hatten durchweg bereits als Domherren Erfahrung in den Staatsgeschäften gesammelt.

Es kam gelegentlich vor, dass einem alt gewordenen Bischof ein Koadjutor zur Seite gestellt wurde, ein Helfer mit dem Recht, nach dem Tod des Oberhirten dessen Platz einzunehmen. 1708 nutzte Fürstbischof Lothar Franz von Schönborn (1655–1729), keineswegs regierungsunfähig, dieses Instrument, um seinem Neffen Friedrich Karl von Schönborn (1674–1746) die Nachfolge zu sichern.

Warum bei bestimmten Wahlen der eine oder der andere Kandidat die Mehrheit der Domherren auf seine Seite brachte, ist nicht in jedem Fall zu klären. Oft scheinen Verwaltungspraxis und diplomatische Fähigkeiten eines bestimmten Kapitulars entscheidend gewesen zu sein; ferner verbanden sich mit der Wahl eines bestimmten Mannes Erwartungen an seine Politik. Im Zeitalter der Konfessionalisierung versuchte die katholische Führungsmacht im Süden, das Herzogtum Bayern, die Wahlen auf bestimmte Kandidaten zu lenken; im 18. Jh. unternahmen hingegen der Kaiser, Frankreich und Preußen Anstrengungen, die Wahl zu beeinflussen.

Sitz des Bischofs und Hauptstadt des Hochstifts war und blieb Bamberg. Dies war durchaus nicht selbstverständlich, da doch mehrere Bischöfe im Reich aus ihrer unbotmäßigen, den Status einer Reichsstadt erringenden Domstadt (Augsburg, Speyer, Köln etc.) abzogen. Der Bamberger Bischof residierte in der einstigen Königspfalz neben dem Dom. Im 15. und

Lothar Franz von Schönborn, 1693–1729 Bischof von Bamberg und 1695–1729 Erzbischof von Mainz. – Zeitgenössisches Schabkunstblatt

frühen 16. Jh. diente immer öfter die Altenburg oberhalb der Stadt als Residenz, im späten 16. Jh. auch das Geyerswörth-Schloss am linken Regnitzarm mit seinem prächtigen Garten. 1602 begann der Bau eines neuen Schlosses innerhalb der Domburg, das ab 1697 unter Lothar Franz von Schönborn zur Neuen Residenz erweitert wurde.

Die Neue Residenz zu Bamberg

> Mit einem Werk von Leonhard Dientzenhofer (1660–1707), der Neuen Residenz zu Bamberg, beginnt die große Epoche barocken Bauens im Hochstift. Dientzenhofer, sowohl Planer als auch ausführender Baumeister, stammte aus dem oberbayerischen Gericht Aibling und war in Prag sowie auf Oberpfälzer Baustellen eines älteren Bruders geschult worden. Unter Einbeziehung eines 1605 entstandenen Residenzbaus errichtete er im Auftrag des Bamberger Fürstbischofs Lothar Franz von Schönborn ab 1698 einen langgestreckten, winkelförmigen Bau. Die spätere Idee, ihn zu einer Dreiflügelanlage auszubauen, blieb unausgeführt.
>
> Das Residenzschloss birgt heute Schauräume aus der Bauzeit, aber auch aus der Phase als griechischer Exilhof (ab 1862). Ferner sind in ihm die auf 1811 zurückgehende, Teile der fürstbischöflichen Sammlung einschließende Staatsgalerie sowie seit 1966 die Staatsbibliothek Bamberg untergebracht. Deren Grundlage bildeten 1803 die Buchbestände der aufgehobenen Universität sowie der aufgelösten Klöster und Stifte.

Der Bischof verfügte zusätzlich über Nebenresidenzen. 1563 empfahl das Domkapitel ihm ausdrücklich, er solle nicht das ganze Jahr hindurch in Bamberg bleiben, sondern im Fürstbistum reisen. Im 15. und frühen 17. Jh. wurde die hochmittelalterliche Giechburg als Residenzschloss ertüchtigt. In der Stadt Forchheim, die seit dem 16. Jh. kontinuierlich zur südlichen Landesfestung ausgebaut wurde, hatte sich Bischof Lamprecht von Brunn (reg. 1374–1399) ab 1377 eine Pfalz errichtet, die mehrere seiner Nachfolger von 1515 an erweiterten. Wiederholt hielt sich der Bischof auf der Festung Rosenberg ob Kronach, der nördlichen Bastion des Hochstifts Bamberg, auf. In der Regel saß er jedoch in Bamberg, wenn nicht die Personalunion mit einem anderen Hochstift, wie sie zwischen 1617 und 1795 öfters vorkam, seine Abwesenheit verursachte. Ein Sommerschloss errichtete sich Bischof Marquard Sebastian Schenk von Stauffenberg (reg. 1683–1693) ab 1687 nahe seiner Hauptstadt: „Marquardsburg" nannte man es anfangs nach dem Erbauer, später meist „Seehof" wegen der großen Teichflächen, die an den ausgedehnten Park angrenzten.

Dom und Neue Residenz in Bamberg, im Vordergrund links das ehemalige Dominikanerkloster. – Fotografie des späten 19. Jhs.

Der neugewählte Fürstbischof zog, zuweilen erst nach Jahren, durch sein Land und ließ sich von seinen Untertanen einen Treueid schwören; so war es von 1459 bis 1750 üblich. Die Städte, in die er kam, waren dann mit Triumphpforten geschmückt, und örtliche Würdenträger hießen den Landesherrn mit ausgezirkelten Reden oder kunstvoll gefügten Poemen willkommen.

Das Domkapitel

Der Bischof war im Hochstift der Landesherr, jedoch herrschte er nicht unumschränkt. Eine bescheidene Rolle spielten die Landstände – sie mussten die Steuern genehmigen –, seit die Ritterschaft ab 1560 nicht mehr an Landtagen teilnahm. Die Städte und Klöster allein vermochten sich den

Schloss Seehof mit Park. – Stich nach einer Zeichnung von Salomon Kleiner, Mitte der 1720er Jahre

Bitten des Landesherrn um Gewährung einer Steuer immer weniger zu entziehen. In der zweiten Hälfte des 17. Jhs. beseitigte der fürstliche Absolutismus die landständische Organisation vollends: Landtage wurden in Bambergischen nicht mehr einberufen; Steuern erhob der Fürstbischof ohne ihre Zustimmung.

Umso größeren Einfluss gewann das Domkapitel, dem schon von seiner Gründung 1007 an vornehmlich Adlige angehörten. Diese Praxis schrieben die Domherren 1390 fest: Wer ins Kapitel aufgenommen werden wollte, hatte nachzuweisen, dass er adliger Abstammung war, und zwar mehrere Generationen zurück. Diese Ahnenprobe wurde im Lauf der Zeit verschärft. Im 18. Jh. mussten sämtliche 32 Ururgroßeltern mindestens ritterlichen Familien entstammen.

Das Domkapitel bestand aus bis zu 34 Personen: aus 20 stimmberechtigten Domkapitularen (Vollmitglieder) sowie sechs emanzipierten und acht nichtemanzipierten Domizellaren (ohne Stimmrecht). Die Domherren hatten Anteil am Kapitelsvermögen, das zum größten Teil der Dompropst verwaltete. Ihn kürten sie aus ihrer Mitte. Daneben besaß jeder

Domherr eine Reihe von kleinen Besitzgruppen, sogenannten Obleien, für sich allein.

Wichtigste Befugnis der Domkapitulare war die Wahl des Bischofs im Gefolge des Wormser Konkordats von 1122. Sie verschaffte ihnen Macht. Dank ihres Wahlrechts wurden die Domherren, wie sie 1576 selbstbewusst formulierten, zu des *Stifts regirendt Mitglidt.* Seit dem 14. Jh. war es üblich, dass die Neugewählten eine Wahlkapitulation beschwören, die alle Wähler zuvor beschlossen hatten. Dadurch versuchten die Domherren nicht nur, den künftigen Bischof auf eine bestimmte Politik festzulegen. Vor allem waren sie bestrebt, dem Domkapitel einen Anteil an der Herrschaft zu sichern. So errangen die Domherren im 15. Jh. Einfluss auf die Bestellung der hochstiftischen Beamten, und 1501 setzten sie den Anspruch durch, künftig das Finanzwesen des Staates mitzuprüfen. Ihre eigenen Ämter entzogen sie dagegen weitgehend der bischöflichen Herrschaft. Zwar verbot der Papst 1695 Wahlkapitulationen grundsätzlich, doch gab es sie weiterhin, nun eben unter anderer Bezeichnung.

Entscheidend für die Verfassung waren die Persönlichkeiten, die hinter dem geschriebenen Wort standen. Ein schwacher Bischof hatte dem Domkapitel viel zuzugestehen und dies dann auch einzuhalten; ein starker Fürstbischof, zusätzlich gestützt durch Kaiser, Papst oder mächtige Fürsten, konnte dagegen regieren, ohne allzu viel Rücksicht auf seine Domherren und auf seine Wahlkapitulation zu nehmen.

Klösterliche Unabhängigkeitsbestrebungen

Im Hochstift Bamberg gelang es keiner Stadt und keinem Stift oder Kloster, sich von der bischöflichen Herrschaft zu befreien. Dabei ließ es zumal das Zisterzienserkloster Langheim nicht an entsprechenden Versuchen fehlen. Der langheimische Besitz blieb also Teil des Hochstifts Bamberg, sofern er nicht im Herrschaftsbereich eines anderen Fürsten lag. Erst 1741 gab Langheim sein Streben nach Reichsunmittelbarkeit auf; im Gegenzug machte der Fürstbischof der Abtei Zugeständnisse, indem er seine Herrschaftsausübung in langheimischen Orten einschränkte oder dem Kloster besondere Befugnisse wie die Jagd auf Hochwild einräumte.

Wie Langheim wollte auch dessen Mutterkloster Ebrach, die erste Zisterze rechts des Rheins, die Reichsunmittelbarkeit erlangen. Die Abtei im Steigerwald, in deren Kirche sowohl Angehörige des staufischen Hauses als auch (bis 1573) die Herzen der Würzburger Bischöfe beigesetzt wurden, erlangte kaiserliche Privilegien, die ihr umfassende Steuer- und Gerichtshoheit über ihre Zinspflichtigen zugestanden. Dennoch glückte es Ebrach nicht, sich aus der Herrschaft des Würzburger Fürstbischofs zu lösen. Jedoch beharrte das Kloster bis zu seiner Auflösung darauf, nur dem Kaiser untertan zu sein.

Die Herrschaft der Zollern

Die Burggrafen von Nürnberg aus dem Haus Zollern verstanden es, ihre Herrschaft im östlichen Franken beständig zu erweitern. Seit 1191 im Besitz des Nürnberger Burggrafenamtes, hatte das ursprünglich schwäbische Geschlecht seine Machtbasis schon im 13. Jh. verbreitert. Alsbald im Amt, beerbten sie die Grafen von Abenberg-Frensdorf. Nach 1248 zählten sie zu den Erben der Andechs-Meranier, wodurch sie bis nach Bayreuth ausgriffen. Sie drangen nach Westen wie nach Nordosten vor, während der Amtssitz Nürnberg für sie immer mehr an Bedeutung verlor.

Das Wachsen der Macht

Die Zollern verdrängten Grafengeschlechter oder Edelfreie und nutzten geschickt das Aussterben anderer Familien. Nicht zuletzt erwarben sie Gebiete hinzu und arrondierten dadurch ihre eigene Herrschaft. 1251 kauften sie dem staufischen König Konrad II. Creußen ab. 1285 erlangten sie als königliches Lehen die Burg Wunsiedel und brachten in der Folge weitere Burgen im Fichtelgebirge in ihre Hand. 1331 erhielten sie durch eine Zahlung Ansbach von den schwäbischen Grafen von Oettingen, 1340 Kulmbach von den ursprünglich thüringischen Grafen von Orlamünde. Hof und sein Umland, nach einem Flüsschen als Regnitzland bezeichnet, erwarben sie von den Eigentümern, den Vögten von Weida, 1361 als Pfand und 1373 auf Dauer. Münchberg kauften sie den Herren von Sparneck 1373 zum Teil, wenige Jahre darauf vollständig ab. Von ritterlichen Familien brachten die Zollern 1383 Schauenstein an sich. 1402 erlangten sie Pegnitz und das Amt Beheimstein, das der böhmische König Wenzel als Pfand genutzt hatte und das durch mehrere Hände an die Burggrafen von Nürnberg kam. Die Burg Streitberg in der Fränkischen Schweiz, nahe der bambergischen Stadt Ebermannstadt, brachten die Zollern 1508 durch einen Kauf an sich, der jedoch einen jahrzehntelangen Streit nach sich zog.

Ihre wirtschaftliche Potenz verdankten die Burggrafen nicht zuletzt dem Bergbau, der im Fichtelgebirge stark betrieben wurde. Nachdem ihnen der Kaiser 1323 das Bergregal übertragen hatte, baute man unterschiedliche Metallerze ab. Eisenerz gewann man im östlichen Frankenwald, Zinn im Raum Wunsiedel. Eine besondere Bedeutung gewann offenbar der Goldbergbau in und um Goldkronach. Für ihn gibt es aus dem Jahr 1342 ein erstes Indiz, 1363 ist er sicher nachgewiesen, und 1365 nahm der Burggraf das *Goldwerk zu Cronach, daß auferstanden und funden ist*, unter seinen Schutz und Schirm. Denjenigen, die sich hier im Bergbau unternehmerisch engagierten, dazu den Bergleuten und allen Einwohnern von *Cronach* gewährte er bestimmte Vorrechte, *daß die leut dester fleisiger, williger und freylicher da arbeitten*. Für den Bergbau und für die neue Stadt solle das Recht von Iglau in Mähren gelten, einer Stadt mit reichen Silbergruben.

Es scheint, als habe an den Flüsschen Kronach und Zoppaten im 14. Jh. ein regelrechter Goldrausch geherrscht, wobei Einzelheiten kaum auszumachen sind. Aber in keiner Beschreibung Goldkronachs vor den Stadtbränden des 19. Jhs. durfte ein Hinweis auf die Figur eines Löwen in der Kirche fehlen. Er hielt ein kleines Brot im Maul: So groß wie der Laib sei die wöchentlich geförderte Menge Goldes einst gewesen. Wenn tatsächlich bis zu 1500 Gulden pro Woche erzielt wurden, wie wieder und wieder geschrieben wurde, dann mögen solche Erfolge in der Frühzeit des Goldkronacher Bergbaus zu verzeichnen gewesen sein. Ein Pfarrer des späten 17. Jhs. verwies darauf, dass Gebietserwerbungen der Zollern – bis hin zur Belehnung mit der Mark Brandenburg 1415 – durch den Metallreichtum des Fichtelgebirges möglich geworden seien.

Allerdings erlahmte der Goldbergbau bald wieder. Die ältere Literatur machte dafür den Hussiteneinfall 1430 verantwortlich, aber vermutlich waren die leicht abbaubaren, ertragreichen Strecken einfach erschöpft, so dass der Bergbau viel mehr Mühe machte und dabei weniger Ausbeute erbrachte. Zwar

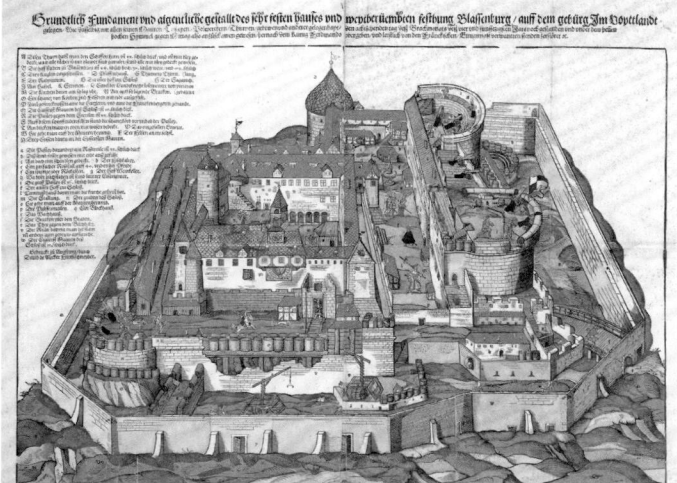

Die Plassenburg ob Kulmbach vor ihrer Zerstörung 1554

unternahmen die Fürsten immer wieder Versuche, ihn durch die Berufung von Fachleuten und die Einführung technischer Innovation wiederzubeleben, jedoch stets nur mit kurzfristigem Erfolg.

Im frühen 15. Jh. stießen die Zollern in die oberste Riege der Dynasten des Reichs vor, als sie 1415 mit der Mark Brandenburg belehnt wurden und dadurch die Kurwürde erlangten. Der fränkische Besitz wurde dadurch zum Nebenland, regiert entweder von Verwesern oder jüngeren Brüdern des Kurfürsten, später dann von Nebenlinien des Geschlechts. Diese Fürsten bezeichneten sich, weil sie formell Mitregenten der Mark waren, als Markgrafen.

1473 bestimmte Kurfürst Albrecht Achilles von Brandenburg (reg. 1470–1486 als Kfst.), der nach einigen Jahrzehnten der Landesteilung die Mark und die fränkischen Herrschaften wieder in seiner Hand vereint hatte, dass sein ältester Sohn die ungeteilte Mark erhalten, also Kurfürst werden solle, während seinem zweit- und seinem drittältesten Sohn die nun erst förmlich gebildeten Fürstentümer Kulmbach und Ansbach zugedacht waren. Wer welches Land bekam, bestimmte das Los. Da einer der Brüder keine Erben hinterließ, fielen beide fränkischen Gebiete bereits 1485 zusammen. Erst 1541 wurden Kulmbach und Ansbach von neuem getrennt, wobei zum Fürstentum Kulmbach auch Gebiete im heutigen Mittelfranken, um Erlangen und um Neustadt a. d. Aisch, gehörten.

Die einmalige Bestimmung von 1473, die *Dispositio Achilleia*, galt künftig als Grundregel: Die Mark, auf der die Kurwürde ruhte, sollte nicht unter mehreren Erben geteilt werden; die fränkischen Länder bildeten eine Sekundogenitur.

Die jüngere fränkische Linie der Zollern und die Verlegung der Hauptstadt

Ende des 16. Jhs. stand die fränkische Linie vor dem Aussterben. Die Kulmbacher Linie war 1557 erloschen und vom Ansbacher Markgrafen beerbt worden. Dieser aber, Markgraf Georg Friedrich (reg. 1543/57–1603), hatte keine Söhne. Deshalb kamen nach dessen Tod 1603 zwei Halbbrüder des brandenburgischen Kurfürsten zum Zug, wobei wieder das Los entschied: Christian (1581–1655) erhielt Kulmbach, der jüngere Joachim Ernst (1583–1625) Ansbach.

Die Plassenburg ob Kulmbach, wohl noch unter den Andechs-Meraniern erneuert, bildete die Hauptresidenz der Markgrafen, sofern nicht – in den Zeiten der vereinigten fränkischen Herrschaft – Ansbach den Vorzug erhielt. Ferner bestand eine Reihe von Nebenresidenzen, darunter Bayreuth. Auch hier ging der Fürstensitz innerhalb des Stadtmauerrings auf die Meranier zurück. Er wurde jedoch nach 1340 nur sporadisch als Witwensitz oder Ausweichquartier genutzt.

1554 durch die gegen den Markgrafen verbündeten Nachbarn zerstört, wurde die Plassenburg in der Folge als prachtvolles Renaissanceschloss wiedererrichtet. Es bildete 1604 den würdigen Rahmen für die Heirat des neuen Markgrafen Christian, der aus Cölln an der Spree nach Franken gekommen war, mit Maria, einer Tochter des Herzogs von Preußen, in Königsberg geboren. Es scheint, als habe dem jungen Paar die Bergresidenz hoch über Kulmbach allerdings nicht behagt. Die Frage muss offenbleiben, was den Ausschlag gab. Womöglich war es das eigene Gewohntsein an Ebenen. Christian jedenfalls beschloss 1604, seinen Sitz nach Bayreuth zu verlegen. Die dortige Bürgerschaft war – anders, als man erwarten sollte – nicht sehr erbaut über den Zuzug. Im März 1604 klagten Bürgermeister und Rat, ihre Stadt von 200 Häusern sei für einen Hof zu klein; die Häuser seien gering, die Nebengebäude ohnehin zu wenige.

Für Kulmbach muss die Verlagerung der Hofhaltung ein schwerer Schlag gewesen sein. Die Plassenburg war nicht mehr Fürstensitz. Nur sporadisch erschien der Landesherr, etwa wenn er in der Umgebung jagte. Sie diente weiter als Landesfestung, wurde bisweilen erneuert und ausgebaut, veraltete aber im Ganzen. Ihre wesentliche Nutzung bestand darin, das Landesarchiv zu bergen. Gewölbe waren vollgeschlichtet mit Akten. Dieser Bestand war, wie in den 1790er Jahren einer der drei Archivare sagte, *ein Ocean, er sei nun 20 Jahre lang dabei angestellt und kenne noch so viel als gar nichts davon.*

Der Markgraf plante für seinen neuen Sitz eine ausgedehnte Befestigung, schier den Ausbau zur Festungsstadt,

Altes Schloss in Bayreuth, im Hintergrund das Markgräfliche Opernhaus, 2000

doch dazu kam es nicht. 1605 suchte ein Stadtbrand Bayreuth heim, der 137 Wohnhäuser vernichtete. Wohl oder übel zog der Markgraf samt Hof und Behörden zurück nach Kulmbach. Erst 1610 kehrte er nach Bayreuth zurück. Er ließ nun die Pfarrkirche erneuern, sie im Innern mit Logen für den Hofstaat versehen und unter dem Chor eine Grablege für seine Familie anlegen. Das Schloss, das sein Vorgänger Georg Friedrich erneuert und dem er einen mächtigen Turm mit Reittreppe hinzugefügt hatte, ließ Christian erweitern, die Fassade mit Reliefmedaillons verzieren. Markgraf Friedrich baute sich zusätzlich zum Alten Schloss ab 1753 ein Neues Schloss vor der Stadtmauer, dem sich ein Park anschloss. Der Erbprinz und spätere Markgraf Georg Wilhelm (reg. 1712–1726) errichtete im beginnenden 18. Jh. ein Schloss 2 km neben Bayreuth bei einem riesigen Fischteich und gründete dazu eine Planstadt: St. Georgen.

Diverse markgräfliche Jagd- und Landschlösser entstanden im Barock. Das einstige Zisterzienserinnenkloster Himmelkron wurde zum Schloss umgebaut. Im Fichtelgebirge wurde Schloss Kaiserhammer errichtet, südlich von Bayreuth das unvollendet gebliebene Schloss Thiergarten, bei Berneck Schloss Falkenhaube. Ein Stück abseits der Stadt, beim Dorf St. Johannis, schufen die Markgrafen ab 1715 die Parkanlage „Eremitage" mit zwei Schloss- und diversen anderen Bauten sowie Wasserspielen. Neben der Burg Zwernitz entstanden ab 1744 der Felsengarten „Sanspareil" (Ohnegleichen), der sich am frühaufklärerischen Roman *Telemach* orientierte, und am Rand der Anlage der Morgenländische Bau.

Schon die Bauten und Gärten zeigen, dass in Bayreuth ein reges Hofleben herrschte. Doch die markgräfliche Repräsentation belastete das kleine Fürstentum stark. Im späten 17. Jh. stand es vor dem Bankrott, auch aufgrund der militärischen Ambitionen von Markgraf Christian Ernst (1644–1712), der es bis zum kaiserlichen Generalfeldmarschall brachte. Markgraf Friedrich und seine Gattin, die preußische Königstochter Wilhelmine, verwandten große Summen auf die Zurschaustellung ihrer fürstlichen Würde. Neben einer regen Bautätigkeit spielten hier Instrumentalmusik und Oper eine wichtige Rolle.

Innenraum des Markgräflichen Opernhauses Bayreuth, Blick zur Bühne

Musik bei Hofe

> Ein wichtiger Teil höfischer Repräsentation war die Musik. Der Bamberger Bischof unterhielt eine Hofmusik, an der ab 1757 mit Aloisio Ludovico Fracassini (1733–1798) aus Orvieto ein namhafter Geiger wirkte. Weit bedeutsamer war freilich das musikalische Leben an einem weltlichen Fürstenhof wie dem zu Bayreuth. Seinen Höhepunkt erlebte es unter dem Markgrafenpaar Friedrich und Wilhelmine. Sie bauten ab 1745 ein Opernhaus, im Innern aufwendig dekoriert durch Giuseppe und Carlo Galli Bibiena, das heute zum UNESCO-Weltkulturerbe zählt. Wilhelmine (1709–1758), die Lieblingsschwester Friedrichs des Großen, schrieb selbst Libretti und komponierte. Ein Verzeichnis des Hofstaats nennt über 30 Musiker, wobei alle Sänger italienische Namen tragen. Hinzu kam die „Französische Comoedie", bestehend aus 16 Schauspielern und einer neunköpfigen Ballett-Truppe.

Finanziert wurde all dies durch Zwangsanleihen bei Kirchenstiftungen, aber auch durch Münzbetrug.

Kulmbach-Bayreuth im 17. und 18. Jahrhundert

Das Fürstentum hieß formell über den Umzug des Hofs und der Zentralbehörden hinaus Kulmbach, wenngleich immer öfter von Bayreuth gesprochen oder ein Doppelname gebraucht wurde. Es bestand aus dem Oberland (im heutigen Oberfranken) und dem Unterland (im heutigen Mittelfranken). Das ganze Land maß im frühen 19. Jh. 61 Quadratmeilen (rund 3450 km²). Rund zwei Drittel entfielen aufs Ober-, eines aufs Unterland. Größte Stadt war allerdings Hof an der Saale.

Gemessen an den mittelalterlichen Erwerbungen machen sich die Zugewinne in der Frühen Neuzeit bescheiden aus. Die wichtigste Erweiterung bildete in der jüngeren Geschichte der Kauf der Herrschaft Lauenstein mit der Stadt Ludwigsstadt von den Herren von Thüna im Jahr 1622. Markgraf Christian erwarb daneben 1628 Stadt und Amt Lichtenberg. 1744 erlosch die ritterschaftliche Familie von Sparneck im Mannesstamm; ihre Reichslehen verlieh der Kaiser dem Markgrafen. Immer wieder starben niederadlige Familien oder einzelne Inhaber fürstlicher Lehen aus; diese Lehen fielen dann dem Markgrafen heim, wobei er sie, gerade im 18. Jh., oft in eigener Verwaltung behielt, sie also nicht mehr als Lehen ausgab.

Anders als im Bambergischen spielten im Markgraftum die Landstände eine wichtige Rolle. Wollte der Markgraf eine Landessteuer erheben, zumal für militärische Zwecke, brauchte er die Zustimmung der Vertretung von Adel, Städten und Märkten. Sie gaben dem Drängen des Landesherrn durchaus nicht immer nach. Die Stärke der Landstände rührte nicht zuletzt daher, dass im Gebiet des Markgraftums nicht die gesamte Ritterschaft reichsunmittelbar war. Im Nordosten des Oberlandes gehörten die meisten Adligen der Vogtländischen Ritterschaft an, die landsässig war, also dem Markgrafen unterstand. Die Politik der Markgrafen im 18. Jh. war darauf gerichtet, Adlige dazu zu bewegen, die Reichsritterschaft zu verlassen und sich der Vogtländischen Ritterschaft anzuschließen; damit unterwarfen sie sich und ihre Orte der markgräflichen Hoheit. Dabei standen ihnen weiterhin Gerichtsrechte über ihre Hintersassen zu, und sie behielten adlige Privilegien.

Das Coburger Land

Das Coburger Land war 1353 an die Wettiner übergegangen, die 1423 die Würde des Kurfürsten von Sachsen erlangten. Coburg lag im südlichsten Zipfel des kurfürstlichen Gebiets; man sprach in Wittenberg und Torgau von den „fränkischen Ortlanden" (‚Ort' bedeutet so viel wie Rand, Ecke, Spitze).

Die Wettiner spalteten sich 1485 in der Leipziger Teilung in zwei Linien auf: die ernestinische und die albertinische. Die Ernestiner, in deren Hand das Coburger Land kam, erhielten die Würde des Kurfürsten von Sachsen, während die Albertiner nur Herzöge waren. Kurfürst Johann Friedrich der Großmütige (reg. 1532–1547) herrschte über die Pflege Coburg, verwaltet wurde sie jedoch von 1541 bis 1553 durch seinen jüngeren Bruder, Herzog Johann Ernst, dem auch die landesherrlichen Einkünfte aus diesem Gebiet zustanden. Er baute das ehemalige Franziskanerkloster in Coburg zur Stadtresidenz aus. Die Vertretung nach außen blieb aber das Recht seines älteren Bruders, des Kurfürsten. Dieser schloss sich dem Schmalkaldischen Bund an, begründet 1531, um eine Unterdrückung der Reformation durch den katholischen Kaiser Karl V. (reg. 1519–1556) zu verhindern. Doch 1546/47 zerschlug der Kaiser den Bund militärisch, unterstützt durch den albertinischen Herzog Moritz von Sachsen. Johann Friedrich wurde zum Tod verurteilt, aber zur lebenslangen Haft begnadigt, nachdem er die Kurwürde an seinen Vetter Moritz übertragen hatte. Er war fortan nur noch Herzog von Sachsen. Die Ernestiner waren gedemütigt und blieben es, auch nachdem Johann Friedrich 1552 freikam.

Sein gleichnamiger Sohn, der 1554 die Nachfolge antrat, trachtete danach, die Kurwürde wiederzugewinnen. Er verband sich mit einem politischen Hasardeur, Wilhelm von Grumbach aus Rimpar bei Würzburg, der den Mord an einem Würzburger Fürstbischof angestiftet hatte und einen antifürstlichen Aufstand des fränkischen Adels plante. Schließlich geriet

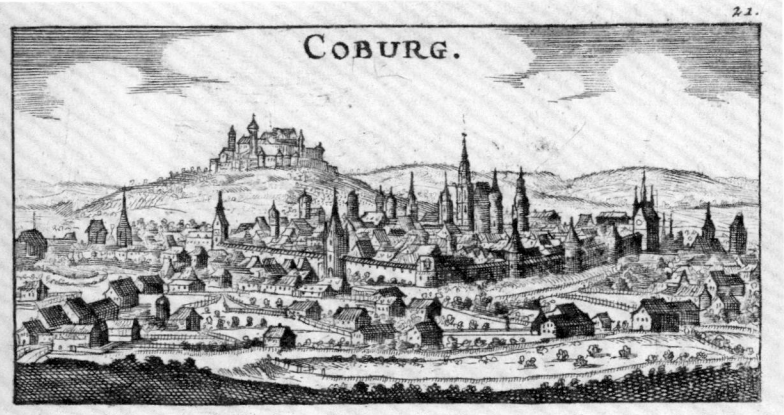

Coburg mit Veste, um 1700

erst Grumbach, dann der Herzog in die Reichsacht. Kaiserliche Truppen eroberten Gotha; Grumbach und der herzogliche Kanzler wurden grausam hingerichtet. Herzog Johann Friedrich wurde festgenommen und nach Österreich in kaiserliche Obhut verbracht, wo er bis zu seinem Tod 1595 als Gefangener blieb.

Seiner Frau Elisabeth gelang es 1570, für ihre Söhne das Fürstentum wiederzuerlangen: Johann Casimir und Johann Ernst erhielten einen Teil des väterlichen Herrschaftsgebiets zurück. Sie standen zunächst unter Vormundschaft, regierten ihr Land dann erst gemeinsam und teilten es 1596 unter sich auf. Dabei erhielt Johann Casimir das Coburger Land sowie Römhild und Gotha, sein jüngerer Bruder dagegen Eisenach.

In der Folge baute Johann Casimir Coburg, das nun erstmals wirklich Hauptstadt eines Fürstentums war, zur Residenzstadt aus. Er erweiterte das Stadtschloss Ehrenburg, errichtete ein Zeughaus und eine Kanzlei und gründete ein Gymnasium in der Absicht, es später zur Universität zu machen. Seine Regierungszeit zeichnete sich durch ein reges musikalisches Leben im Umfeld des Hofes aus. Unter den Komponisten dieser Phase ragt Melchior Franck († 1639) heraus.

Als Herzog Johann Casimir von Sachsen-Coburg 1633 ohne Nachkommen starb, fiel das Land an seinen jüngeren Bruder. Da auch er ohne Kinder war, erbte 1638 der Vetter Friedrich Wilhelm II. von Sachsen-Altenburg.

1680 wurde das Herzogtum Sachsen-Gotha-Altenburg geteilt, wobei die einzelnen Landesteile nicht völlige Eigenständigkeit erlangten. Von den sieben herzoglichen Brüdern erhielt der älteste, Friedrich I., das Kernland und der zweite, Albrecht, Coburg. Nach seinem kinderlosen Tod 1699 entspann sich ein Erbstreit unter seinen Brüdern und deren Nachkommen, der sich bis 1735 hinzog.

Dann wurde das Coburger Land geteilt. Das Kerngebiet um Coburg fiel an Saalfeld, der Norden um Eisfeld und Sonneberg an Meiningen, das Amt Sonnefeld im Osten an Hildburghausen. Coburg war immerhin eine von zwei Residenzen im Herzogtum Sachsen-Coburg-Saalfeld.

Die Reichsritterschaft

Die Ritterschaft ging in ihrer Masse auf Ministerialenfamilien, zum kleinen Teil auf edelfreie Geschlechter des Hochmittelalters zurück. Sie entwickelte sich rasch zu einem Machtfaktor. Dies zeigte sich im östlichen Franken bereits während des Meranischen Erbfolgestreits ab 1248.

Auch in der Folge ermöglichte der Umstand, dass die fränkischen Fürsten kaum über geschlossene Räume herrschten, eine Schaukelpolitik. Zwar trugen viele Ritter ihre eigene Burg einem Fürsten zu Lehen auf oder sie räumten ihm das Öffnungsrecht ein, gestanden ihm also zu, dass er die Burg in Kriegszeiten nutzen dürfe. Doch wandte man sich damit oft gerade nicht an den nächstgelegenen Fürsten, sondern an dessen konkurrierenden Nachbarn.

Ferner verbanden sich die Ritter einzelner Räume seit dem 14. Jh. zu Einungen, wobei unterschiedliche Motive – der Versuch, sich politisch zu behaupten, die Friedenswahrung untereinander und die religiöse Verbrüderung – einander keineswegs ausschlossen. Zusammenschlüsse der Ritterschaft wurden, entgegen früherer kaiserlicher Politik, 1422 von Kaiser Sigismund ausdrücklich gestattet.

Bei aller Unterschiedlichkeit der ritterlichen Einungen und Gesellschaften war ihnen doch eine antifürstliche Ausrichtung gemein. Zugleich war das Verhältnis der Ritter zu den Fürsten vielschichtig und nicht frei von Widersprüchen. Viele Ritter standen im Fürstendienst, beispielsweise als Amtmänner, verantwortlich für einen Amtssprengel, oder als Rat, also Berater in grundsätzlichen Dingen. Ohnedies besaßen fast alle Ritter fürstliche Lehen, freilich nicht selten von mehreren Lehensherren. Überdies gehörten sie den Landtagen eines Fürstentums an, zusammen mit den Prälaten und den Städten.

Ritter erscheinen bisweilen als Kreditgeber für Fürsten, wobei diese ihnen dann meist ein Amt verpfändeten, das als Sicherheit diente und dessen Erträge den Zins darstellten.

Erfolgte die Verpfändung amtmannsweise, dann war der Darlehensgeber formal Amtmann seines Kreditnehmers, übte aber de facto die landesherrlichen Befugnisse eigenständig aus. So war beispielsweise im 15. Jh. das kleine würzburgische Amt Seßlach an das in der Nähe sitzende Geschlecht derer von Lichtenstein verpfändet, das ausgedehnte bambergische Amt Niesten an die Herren von Brandenstein.

Wandlungen niederadligen Lebens am Beginn der Neuzeit

Ungeachtet aller Nähe zu einem oder mehreren Fürsten waren die Niederadligen ihrem Selbstverständnis nach „freie Ritter", die einem – oder mehreren – Fürsten zwar Dienst schuldeten, insonderheit mit dem Schwert, doch untertan waren sie ihm deshalb noch lange nicht. Als König Maximilian I. (reg. 1493–1519) ab 1495 den Versuch unternahm, mit Hilfe der Fürsten eine allgemeine Reichssteuer zu erheben, ging in der Ritterschaft die Furcht um, man werde jetzt verpflichtet, Steuern zu zahlen wie ein Bauer.

Auf dem fränkischen Rittertag des Jahres 1539 – um ein Beispiel zu nennen – äußerten die versammelten Adligen die Besorgnis, die fränkischen Fürsten würden mehr und mehr ihre Gerichtshoheit nutzen, um die ritterliche Herrschaft auszuhöhlen. Man verwies auf das Negativbeispiel von Bayern, Sachsen und der Pfalz, wo *die hern schir gar kein unterschied unter hohen, mitteln und nider obrigkeit machen*; sie wollten dort fast jeden Fall vor ihre Halsgerichte ziehen. In Franken sei es aber anders. Hier unterstünden die Adligen *immediate dem reich* und seien keine fürstlichen *landsassen*. Die hergebrachte Praxis sei vielmehr so, dass, wenn sich die fürstliche Hochgerichtsbarkeit über ein ritterschaftliches Schloss oder Dorf erstrecke, *die junckhern [...] die malefitzische personen greifen, einziehen und furter dem freischhern heraus an gewonliche orter fur die flecken liefern lassen*. In späteren Jahrhunderten bezeichnete man dies verwaltungssprachlich als limitierte Zent: Der fürstliche Beamte durfte im adligen Dorf nicht tätig werden, sondern nahm Täter und Beweisstücke an einer markierten Stelle vor dem Dorf entgegen.

Neben solcher Bedrängnis fehlte den Rittern seit Jahrzehnten die Möglichkeit, auf eine standesgemäße Weise ihr Recht zu suchen. Ludwig von Eyb hatte 1507 in seiner Lebensbeschreibung des Wilwolt von Schaumberg († 1510) mit Blick auf die 1480er Jahre bemerkt, es sei damals *die klain reiterei* üblich gewesen, kriegerische Auseinandersetzungen bescheidenen Umfangs zwischen Rittern und Fürsten oder innerhalb der Ritterschaft. Die Fehde war dabei kein Mittel, um den Kontrahenten militärisch zu besiegen, sondern um ihn zu schädigen, um ihn so an den Verhandlungstisch zu zwingen und um dort die eigene Position zu verbessern. Bisweilen aber bildete sie lediglich den Vorwand für schlichten Raub. Endgültig untersagte der Ewige Landfrieden von 1495 die Fehde. Etliche Ritter hatten sich damit arrangiert und suchten ihr Recht durch Klagen vor den Reichsgerichten.

Die Versuche anderer Ritter, ihr Fehderecht nach wie vor zu behaupten, waren zum Scheitern verurteilt. 1523 zog der Schwäbische Bund, ein Zusammenschluss südwestdeutscher Fürsten und Städte, gegen einen solchen Ritter, Hans Thomas von Absberg, und die mit ihm verbündeten Adligen. Der Bund zerstörte 23 Ritterburgen, bis ins Fichtelgebirge hinein. Diese Strafexpedition wurde durch Holzschnitte bekannt gemacht: *vom Bundt verbrant*, heißt es darauf meist lakonisch.

Die Ritter mussten sich neu ausrichten in einer Welt, in der neue Regeln galten. Sie hatten sich zu behaupten gegen die Ansätze von Landeshoheit. Beinahe möchte man sagen: Sie mussten sich neu erfinden. Die Zeit der Ritterheere war vorüber, die Zeit der Söldnerheere längst angebrochen, zumal neue Waffentechnik die Art zu kämpfen revolutionierte. Gewiss ging mancher Ritter mit der Zeit und agierte, wie Wilwolt von Schaumberg im späten 15. Jh., als Condottiere, als Söldnerführer, ja als Kriegsunternehmer. Aber ein Weg für viele Standesgenossen konnte dies nicht sein.

Fürstliches Regiment hatte sich lange auf die Ritterschaft gestützt. Im ausgehenden Mittelalter finden wir jedoch in den Ratsstuben die ersten promovierten Juristen. Zwar dauerte es

Zerstörung der Burg Neuguttenberg bei Kulmbach durch den Schwäbischen Bund, 1523. – Holzschnitt von Hans Wandereisen

lange, bis sie den Adel verdrängten, doch um 1600 dominierten die Rechtsgelehrten. Die Ritterschaft behauptete lediglich ihren ausschließlichen Anspruch auf die Amtmannsposten. Sie bestanden, bis sie 1803 Bayern im ehemaligen Hochstift Bamberg aufhob. Damals sahen die kurfürstlichen Beamten in ihnen Stellen, die *aus der Maschine des Staates weggenommen werden können, ohne einen Stillstand in derselben hervorzubringen.*

Die Ritterschaft setzte zunächst auf eine Strategie der Abgrenzung und betonte trotzig die alten Tugenden. In Turnieren, wie 1486 in Bamberg, zelebrierte der Adel das ritterliche, nun unmoderne Kriegshandwerk. In wertvollen Turnierrüstungen ließen sich Ritter auf ihren Grabmälern darstellen.

Die materielle Grundlage so mancher Familie war schmal, zersplittert in immer kleinere Einheiten, etliche neue Adelssitze wurden im 14. und 15. Jh. errichtet. Die Zahl der zinspflichtigen Hintersassen war oft bescheiden. Um den Ertrag zu mehren, zerschlugen Ritter größere Bauernhöfe und stellten so den Grund für kleine Häuschen zur Verfügung. Bisweilen begegnen uns in der Reformationsepoche schon Ansätze einer Peuplierungspolitik des 18. Jhs. In dieser Zeit nahmen nicht wenige Ritter bereitwillig neue Einwohner auf, darunter – wie 1777 die Alteingesessenen im Adelsdorf Redwitz a. d. Rodach klagten – *Nahrungslose leuthe, welche anderer orten nicht mehr gedultet worden sind*. Sassanfahrt wuchs so im ausgehenden 18. Jh. von 20 auf weit über 100 Haushalte.

Wirtschaftlich motiviert war wohl auch die Ausübung des Judenschutzes, die zugleich Ausdruck des erstrebten quasilandesherrlichen Status war. Bereits 1539 wurde in Schweinfurt Klage geführt, die Fürsten wollten *den junckhern gebieten, ihr Juden wegzuthun, keine zu halten*. Doch stattdessen wuchsen die jüdischen Gemeinden in Adelsdörfern.

Von der Tendenz, dass die ritterliche Basis schmal war, gibt es allerdings nicht wenige Ausnahmen. Kapitalstarke Ritter wurden zu Kreditgebern für geldknappe Fürsten, und mancher Edelmann umgab sich mit gehörigem Luxus.

Die große Bandbreite innerhalb der Ritterschaft machen die Schadenslisten im Gefolge des Bauernkriegs von 1525 deutlich: Zwei Herren Truchseß von Pommersfelden, deren zerstörte Burg samt Inventar auf 9200 Gulden taxiert wurde, stand die Witwe Sybilla Modschiedler im abgelegenen Görau gegenüber, deren Ansitz mit Einrichtungen gerade einen Wert von 93 Gulden darstellte. Die Unterschiedlichkeit hielt sich und war im 18. Jh. offensichtlich: Während die Grafen von Schönborn mit Weißenstein in Pommersfelden einen Palast ihr Eigen nannten und andere Familien sich ansehnliche Schlösser und repräsentative Stadtpalais in den Residenzstädten errichteten, bewohnten ärmere Familien alte, nur mäßig modernisierte Bauten.

Das Werden der reichsunmittelbaren Ritterschaft

Die Beschwerden der „freien Ritter" über die Fürsten, von denen sie sich benachteiligt, geschädigt und zurückgesetzt fühlten, schwollen im frühen 16. Jh. von Rittertag zu Rittertag mehr an. Umso stärker näherte sich die fränkische Ritterschaft politisch dem Kaiser. Dies war möglich, weil sich ihre Organisation in sechs Ritterorte seit dem zweiten Jahrzehnt des 16. Jhs. verfestigte und verstetigte, weil es also allgemein akzeptierte Ansprechpartner gab. Dass Karl V. 1542 und 1544 unmittelbar mit der Ritterschaft über die Gewährung einer Beihilfe für den Türkenkrieg verhandelte, mag als politischer Durchbruch gelten. Die Ritter lösten sich in großen Teilen des heutigen Oberfranken aus der fürstlichen Hoheit und galten als reichsunmittelbar.

Der Bamberger Fürstbischof erkannte den Status 1556 an: Er sprach von der Ritterschaft, die zwar bambergische Lehen habe, aber *ohn Mittel zu den sechs Orten des Lands Franken gehörig und der kaiserlichen Majestät und des Reichs Ritterschaft ist*. Konsequenterweise schieden die Ritter nach 1560 aus dem Landtag des Hochstifts Bamberg aus.

Die Ritterorte oder – wie man seit dem 17. Jh. meist sagte – Ritterkantone wurden Instrumente, um die Obliegenheiten der einzelnen Rittergüter gegenüber Kaiser und Reich zu erfüllen. So trieb der jeweilige Kanton die Steuer von den ritterschaftlichen Hintersassen ein, die dann dem Kaiser zufloss. Ferner regelten die Kantone übergreifende Fragen wie die Handwerksaufsicht, das Münzwesen, den Straßenbau, die Seuchenpolizei. Durch die genossenschaftlichen Verwaltungen wuchsen die einzelnen niederadligen Herrschaften immer mehr zusammen; der Einfluss des Kantons auf das Handeln des einzelnen Mitglieds gewann an Gewicht. Adlige Untertanen konnten sich beim Kanton über ihren Herrn beschweren. War ein Rittergut überschuldet, stellte es der Kanton unter Zwangsverwaltung.

An der Spitze des Kantons stand der gewählte Ritterhauptmann, ihm zur Seite Ritterräte. Die Verwaltung des Kantons Gebürg, zu dem viele Adelssitze im heutigen Oberfranken gehörten, saß zeitweilig in Kunreuth, später in Bamberg.

Die Glaubensspaltung

Die grundsätzliche Kritik des Wittenberger Theologie-Professors Martin Luther am Ablasswesen im Herbst 1517 und seine theologischen Grundsatzschriften von 1520 lösten eine Volksbewegung aus. Dabei waren es weniger die – fraglos vorhandenen – Missstände im Kirchenleben an sich, die Ursache der Reformation waren. Eher ermöglichte der Umstand, dass Religion ein alltägliches, aufwühlendes Thema für die Menschen war, den Erfolg der neuen Ideen.

Auf die drängende Glaubensfrage, wie der Mensch sein Seelenheil erlangen könne, gab Luther neue, für viele Menschen überzeugende Antworten. Dem Geist des Humanismus entsprechend, argumentierte er auf der alleinigen Grundlage der Heiligen Schrift, während er Traditionen immer entschiedener als entstellende Zutat zum Urtext verwarf. Geschickt wurden die theologischen Botschaften vermittelt, etwa durch neuartige, deutschsprachige, von der Gemeinde zu singende Kirchenlieder.

Volkstümliche Flugschriften brachten die neue Lehre unters Volk. Selbst in Bamberg, gleichsam unter den Augen des Bischofs, produzierte der Buchdrucker Georg Erlinger († 1541) zwischen 1523 und 1525 reformatorische Schriften, verfasst von Theologen, aber auch vom Nürnberger Dichter Hans Sachs (1494–1576). Einzelne Geistliche verkündeten offen die neue Lehre. So vertrat Johann Schwanhauser († 1528) aus Ebern, Chorherr bei St. Gangolf in Bamberg, vor vielen hundert Zuhörern die Positionen der Wittenberger Reformatoren.

Die reformatorische Bewegung und ihre ersten Folgen

Die Aufnahme der reformatorischen Ideen im Volk wurde vielfach sichtbar. Die Spendenfreude erlahmte, schienen doch gute Werke fürs Seelenheil nun sinnlos. In dem Fischerdorf Wiesen bei Staffelstein beispielsweise hatte die Andreaskirche viele

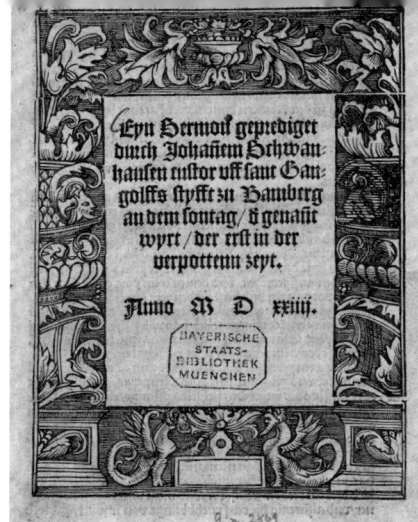

Flugschrift des Bamberger Chorherrn Johann Schwanhauser, 1524 gedruckt bei Georg Erlinger

Gläubige angezogen, die den Opferstock füllten. 1525 jedoch stellten die Einwohner des Ortes fest, die Menschen seien jetzt dank der reformatorischen Predigten *in irem Gewissen dermassen erleucht, das solchs Wallen, Zulaufen und Geben unfruchtbar und dem Menschen zur Seligkeit unnutz ist.* Deshalb falle *an [...] die Capellen gar nichts mehr.* Ein klares Bild liefern die Opferstöcke in der Bergkirche St. Katharina bei Wunsiedel in der Diözese Regensburg: 1524 waren die Spenden halb so hoch wie im Vorjahr, 1525 sanken sie weiter. Das Bamberger Domkapitel beobachtete 1524, es würden Tag und Nacht öffentlich auf Gassen und in Häusern Spottlieder gesungen, *die zu Verachtung und Nidertruckung geistlicher und weltlicher gepurender Gehorsam und Obrigkeit, auch [...] zu Aufrur und Entborung dienen und reitzen.* In etlichen Orten des Hochstifts weigerten sich 1523/24 Untertanen, den Zehnten oder sonstige Abgaben an geistliche Institutionen zu entrichten.

Verband sich schon hier das religiöse Aufbegehren mit wirtschaftlich-sozialen Protesten, so wurde diese Vermengung erst recht im Bauernkrieg von 1525 augenfällig. In Beschwerdeschriften der bambergischen Gemeinden stehen Klagen über ökonomische Lasten und entzogene Rechte neben religiösen Forderungen. Die Gemeinden verlangten die

Befugnis, ihren Pfarrer zu wählen, der ihnen das reine Wort Gottes verkünde.

Der Aufruhr, der im Mai 1525 losbrach, hatte das erklärte Ziel, *kein schloss noch closter im land sten zu lassen*. Der Adel sollte seine Vorrechte verlieren, und so wurden 197 Burgen im Bambergischen zerstört oder schwer beschädigt. Ebenso wandte sich der Zorn gegen das Ordensleben, so dass die Klöster Banz, Langheim und Schlüsselau erst geplündert, dann in Brand gesteckt wurden. Als Sinnbilder der alten Lehre gingen die Wallfahrtskirche Vierzehnheiligen und die Staffelberg-Kirche St. Aldegundis in Flammen auf.

Als im Juni 1525 das Heer des Schwäbischen Bundes sich dem Hochstift Bamberg näherte, brach der Aufstand zusammen. Die antikatholische Haltung vieler Menschen bestand freilich fort. Selbst im Hochstift Bamberg gelang es nicht, die Gläubigen für die alte Kirche zurückzugewinnen.

Die landesherrliche Reformation

Kursachsen, zu dem die Pflege Coburg gehörte, begünstigte die reformatorische Bewegung von Beginn an. Kurfürst Friedrich der Weise (reg. 1486–1525) war ja der Landesherr Luthers, der ihn als Geächteten schützte. 1523 wurden in der Coburger Kirche Heilig Kreuz die Seelmessen als unnütz abgeschafft, und 1524 führte Balthasar Düring († 1529), Prediger an der Morizkirche, eine neue Gottesdienstordnung ein, die sich an Luthers „Formula missae" orientierte. Der Widerspruch des zuständigen Würzburger Bischofs bewirkte nichts. Im Winter 1528/29 formte dann der sächsische Kurfürst mittels einer Visitation aller Pfarreien eine neue Kirchenstruktur in seinem Land.

In der Folge wurden die Klöster aufgehoben, ihr Besitz verstaatlicht und als Sondervermögen weiterverwaltet. Mönche oder Nonnen, die ihr Kloster nicht verlassen wollten, durften bleiben. So starb die letzte Nonne von Sonnefeld erst 1572.

Markgraf Kasimir von Brandenburg-Ansbach und -Kulmbach (reg. 1515–1527) hingegen mühte sich um eine ausgleichende Haltung, zumal es in seinem Umfeld sowohl lutherische Kräfte gab – allen voran sein Oberster Sekretär Georg Vogler († 1550) – als auch Vorkämpfer der römischen Kirche, namentlich seine Frau, Susanna von Bayern (1502–1543), und seinen Bruder, den Würzburger Dompropst Friedrich von Brandenburg (1497–1536). 1526 schlug der Markgraf sich auf ihre Seite und untersagte Veränderungen in Liturgie und kirchlichen Bräuchen. Den Bayreuther Priester Georg Schmalzing (1491–1554), der im lutherischen Sinn gepredigt hatte, lieferte er an den Bamberger Bischof aus.

Nach Kasimirs Tod als kaiserlicher Feldherr im September 1527 übernahm, da sein Sohn Albrecht noch minderjährig war, die Regentschaft bis 1541 sein Bruder Georg, der schon zuvor in seinen schlesischen Fürstentümern die evangelische Bewegung gestützt hatte. Markgraf Georg der Fromme (reg. 1527–1543) verhalf noch im Spätjahr 1528 mittels einer Visitation den reformatorischen Ideen in seinen fränkischen Gebieten zum Durchbruch. Er führte sie gemeinsam mit der Reichsstadt Nürnberg durch, deren Elite schon seit Jahren die neue Lehre begünstigt hatte. Einige Monate später, ab Mai 1529, ließ Georg die goldenen und silbernen Kirchenkleinodien inventarisieren und ab Anfang 1530 zugunsten der Staatskasse einziehen. Jeder Dorfkirche wurde nur ein Kelch belassen, den Stadtkirchen zwei – eine Maßnahme, die der um seine Meinung gefragte Nürnberger Ratsschreiber und Lutherfreund Lazarus Spengler klar ablehnte und die rein finanzpolitisch motiviert war: Der scheinbar entbehrliche Kirchenschatz sollte die verheerende Staatsverschuldung zumindest verringern, denn bis dahin verschlangen allein die Zinsen ein Drittel des Etats.

Im Markgraftum verfuhr man mit den geistlichen Institutionen wie in Kursachsen. Klöster blieben bestehen, jedoch waren Neuaufnahmen untersagt, und ein lutherischer Prediger wurde eingesetzt. So verließen zwar einige Insassen das Kulmbacher Augustinereremitenkloster, doch es existierte weiter: 1535 lebten hier der Prior und fünf Mönche. Der letzte Insasse starb wohl 1547. Das Klarissenkloster in Hof und die Zisterzienserinnenabtei Himmelkron bestanden bis in die zweite Hälfte des 16. Jhs.

Nebenkirchen wurden abgebrochen oder dem Verfall preisgegeben. Ein prominentes Beispiel im Kulmbacher Land ist die Heilingskirche oberhalb von Wirsberg, nahe Neufang. Die den drei heiligen Marien geweihte Kirche stand ungenutzt da, bis 1564 Bürgermeister und Rat des benachbarten Ortes Wirsberg sie mit landesherrlicher Erlaubnis für den Bau ihres Schulhauses abtrugen. Nur die Westfassade blieb stehen.

Die Ritterschaft neigte wohl überwiegend der Reformation zu. Adam von Schaumberg, ansässig im Coburger Land, verfasste Anfang 1522 einen *Leyen Spiegell*, in dem er heftige Kritik am Papst und der kirchlichen Hierarchie äußerte. Ihre Feindschaft zu Luther setzte er mit der Verfolgung Jesu durch die jüdischen Hohepriester gleich. Wie Luther verwarf Schaumberg die Wirkkraft guter Werke, wenngleich der die Anrufung von Heiligen und insonderheit Mariens verteidigte. Auch sein Schlossgeistlicher predigte offenbar im lutherischen Geist. Doch andererseits wurde Schaumbergs Tochter Wandula Fürstäbtissin in einem Regensburger Kloster.

Es spricht viel dafür, dass der Adel sich durchaus, wie die Masse der Laien, von der reformatorischen Bewegung mitreißen ließ – doch ohne den eigenen Vorteil und die Standesinteressen aus dem Blick zu verlieren. Dazu gehörte es, Söhne in einem Domkapitel, Töchter in einem dem Adel vorbehaltenen Kloster unterzubringen. Erst in den folgenden Jahrzehnten wurde diese Art und Weise, die Töchter zu versorgen, seltener; die meisten Frauenklöster Frankens starben mangels neu eintretender Mädchen nach der Mitte des 16. Jhs. aus, zumal die Umwandlung in Damenstifte nirgends gelang.

In ihren Dörfern versuchten sich die Ritter dank ihres Patronatsrechts als Kirchenherren zu gerieren. Bei der kursächsischen Landesvisitation von 1528/29 fällt auf, dass kaum ein adliger Patronatsherr sich imstande sah, ein Verzeichnis des Pfründbesitzes, also der materiellen Ausstattung der Stiftung zum Unterhalt des Geistlichen, vorzulegen. Gewiss mag eine solche Aufzeichnung dann und wann gefehlt haben, aber die Häufigkeit legt durchaus den Verdacht nahe, dass man dem Landesherrn, der jetzt das umfassende Kirchenregiment beanspruchte, nicht mehr Einblick gewähren wollte als nötig.

Im Machtbereich der Fürstbischöfe gab es da und dort den Versuch, lutherische Geistliche einzusetzen oder, häufiger noch, Geistliche, die im lutherischen Geist predigten, zu schützen. Mehrere Fälle sind bekannt, in denen einer der Fürstbischöfe dagegen einschritt. Allein aus Schney bei Lichtenfels wurde 1528, 1531 und 1543 der lutherische Pfarrer vertrieben. Wirkliche Kirchenherren in ihren Dörfern wurden die Ritter, die im Machtbereich des Bamberger oder Würzburger Fürstbischofs saßen, erst in der zweiten Hälfte des 16. Jhs., als sie die Reichsunmittelbarkeit behauptet hatten. Der Augsburger Religionsfrieden von 1555 gestand der *freyen Ritterschaft* dann zu, *daß sie [...] beeder Religion halben auch von niemand vergewaltigt, beträngt noch beschwert sollen werden.* Rechtlich ließe sich streiten, ob dies bloß die Ritter betraf oder ihre Herrschaften. In der Praxis freilich sah man fortan die Reichsritter als den Fürsten gleichgeordnet an.

Hatten noch 1554 fast alle ritterschaftlichen Pfarrer und Benefiziaten in der Diözese Bamberg die geistliche Steuer entrichtet, so hörte dies nun abrupt auf. Wo der Pfarrer noch katholisch war, wartete sein Patronatsherr seinen Tod oder Weggang ab, um dann einen evangelischen Geistlichen zu installieren – natürlich ohne ihn dem Bischof zu präsentieren. Ritter etablierten jetzt am Rand des Hochstifts Bamberg, aber auch inmitten fürstbischöflichen Gebiets ein evangelisches Kirchenwesen. Solche evangelischen Inseln in katholischer See waren gewiss Ausdruck ritterschaftlicher Bekenntnistreue, aber auch Ausdruck ihrer Unabhängigkeit vom umgebenden Fürsten.

Protestantismus im Hochstift Bamberg

Im Hochstift Bamberg ging der Bischof seit 1524 in Einzelfällen gegen evangelische Prediger vor und verbot seinen Untertanen, aus ihrer Pfarrei zu einer nahegelegenen Kirche zu laufen, wo ein Luther-Anhänger predigte. Doch zu einer systematischen Politik gegen die Reformation kam es, anders als in Bayern, nicht. Lediglich die Anhänger von Hans Hut († 1527), der, theologisch auf Thomas Müntzer († 1525) fußend, ein baldiges

Weltende ankündigte, ließ der Fürstbischof rigide verfolgen. Im März 1528 wurden zehn dieser „Wiedertäufer" in Bamberg hingerichtet.

Am Ende der 1520er Jahre erlahmte der reformatorische Elan. Die Distanz vieler Menschen zur alten Kirche blieb freilich bestehen. Nach der Jahrhundertmitte aber erstarkte der Protestantismus im Hochstift Bamberg. An über 20 Orten wirkten für Jahrzehnte evangelische Pfarrer. Doch selbst in Städten, in denen die Pfarrei stets in katholischer Hand blieb, setzten die Ratsherren in der zweiten Hälfte des 16. Jhs. evangelische Lehrer ein. Geistliche Pfründen wurden in Stipendienstiftungen umgewandelt, durch die studierende Bürgersöhne unterstützt wurden – und oft studierten sie an evangelischen Hochschulen: Wittenberg, Leipzig, Jena. Nebenkirchen wurden weltlichen Zwecken zugeführt, und wo dies nicht ging, unterließ man zumindest den Bauunterhalt.

Vor allem bekannten viele Untertanen des Fürstbischofs sich zum evangelischen Glauben – in manchen Landstrichen fast alle, mindestens aber eine starke Minderheit. Sie besuchten den örtlichen Gottesdienst, wenngleich er nach katholischem Ritus gehalten wurde. Immerhin war der Kirchgang nicht nur eine religiöse Übung, sondern auch ein sozialer Akt. An Ostern aber begaben sie sich in eine nahegelegene evangelische Kirche, um dort das Abendmahl in der Gestalt von Brot und Wein zu empfangen.

Selbst die meisten fürstbischöflichen Beamten waren evangelisch: Als 1575 ein päpstlicher Nuntius Bamberg besuchte, befand er, der Bischof habe in seiner Ratsstube, der weltlichen Verwaltungsspitze, bestehend aus Adligen und promovierten Juristen, kaum zwei katholische Räte, und nicht einen zuverlässigen Katholiken habe er in den Bamberger Zentralbehörden entdecken können. Bis 1595 war ein evangelischer Jurist fürstbischöflicher Kanzler.

Der Banzer Abt Johann Burkhard († 1598), ein energischer Vorkämpfer des katholischen Glaubens, ließ sich in Rechtsfragen durch einen evangelischen Juristen in Würzburg beraten, der ihm durch Gedichte im antiken Stil huldigte. Konfessionsübergreifend einte sie der Geist des Humanismus, der sich mit religiösem Eiferertum nicht zu vertragen schien und lange Zeit die Grundlage für ein friedliches Nebeneinander der Konfessionen schuf.

Die Gegenreformation

Erst der Würzburger Bischof Julius Echter von Mespelbrunn (reg. 1573–1617) ging energisch gegen den Protestantismus in seinem Land vor – und selbst er erst ab etwa 1585. Dabei handelte er nicht als Geistlicher, sondern als Reichsfürst. Als solchen ermächtigte ihn der Augsburger Religionsfrieden von 1555, den Glauben seiner Untertanen zu bestimmen, wenn er nur denen, die diesen Glauben nicht annehmen wollten, das *beneficium emigrandi* gewährte, das Recht auszuwandern.

Nach zehn Jahren tat es der Bamberger Fürstbischof Neithard von Thüngen (reg. 1591–1598) seinem Würzburger Amtsbruder gleich und führte die Gegenreformation durch. An den meisten Orten ging das ohne große äußere Konflikte vonstatten. Innere Konflikte hatten die evangelischen Untertanen gewiss auszutragen, als sie den Glauben, in dem sie erzogen waren, oder ihre Heimat zu verlassen hatten.

Unter Fürstbischof Johann Philipp von Gebsattel (reg. 1599–1609) nur halbherzig betrieben, dauerte es im Bambergischen lange, mancherorts mehr als 20 Jahre, bis die Gegenreformation ganz abgeschlossen war. Doch die Fürstbischöfe setzten sich letztlich durch, nur das Dorf Michelau bei Lichtenfels ausgenommen.

So spiegelte die konfessionelle Landkarte Frankens seit der Mitte des 17. Jhs. die herrschaftliche Struktur: Die von einem Geistlichen regierten Staaten waren katholisch, die von weltlichen Herren geführten Territorien evangelisch. Die Grenze wurde augenfällig, zumal es von 1582 bis 1700, also für mehr als ein Jahrhundert, zwei Zeitrechnungen gab: den alten, julianischen Kalender der Protestanten und den neuen, gregorianischen Kalender der Katholiken, die um zehn Tage differierten. Wenn um 1600 die Bamberger Weihnachten feierten, dann schrieb man in Bayreuth erst den 15. Dezember.

Die Verfolgung vermeintlicher Hexen

Dem Kampf gegen Glaubensgegner folgte der Versuch, die ärgsten Sünder auszurotten: Männer und vornehmlich Frauen, die angeblich mit dem Teufel im Bund standen und, von ihm angetrieben, ihren Nachbarn schadeten, indem sie Unwetter heraufbeschworen, Mitmenschen mit magischen Mitteln bestahlen, ihnen Läuse anhexten oder sie gar zu Tode brachten. Nicht selten kam das Drängen, die „Übeltäter" abzustrafen, von den Untertanen. Auch einflussreiche Theologen geißelten die vermeintliche Untätigkeit der Beamten im Kampf gegen die Hexen.

Unter den Juristen gab es verschiedene Lehrmeinungen, ob das „Hexereidelikt" real war oder nur teuflisches Blendwerk. Wenn es tatsächlich Hexen gab, konnte man ihr Tun dann wirklich aufklären? Durften angesichts der Außerordentlichkeit des Verbrechens prozessrechtliche Standards außer Kraft gesetzt, durfte beispielsweise die Folter ohne ausreichende Indizien angeordnet oder wiederholt werden? Je nachdem, welche Juristen in den fürstlichen Ratsgremien das Übergewicht besaßen oder das Ohr ihres Fürsten hatten, fanden massenhafte Hexereiprozesse statt – oder eben nicht.

Prozesswellen im Hochstift Bamberg

Das Hochstift Bamberg bildete einen Schwerpunkt der Hinrichtung angeblicher Hexen und Drudner (Zauberer). Die Zahl der Opfer wird auf wenigstens 900 geschätzt, wobei die Prozesse sich hier auf wenige Jahre – von 1616 bis 1619 und vor allem von 1626 bis 1631 – konzentrierten.

Ausgangspunkt dieser Verfolgungswelle war ein harter Nachtfrost im Mai 1626. Ein paar Wochen darauf nahm der örtliche Beamte einen 12- bis 14-jährigen Buben in Zeil fest, der gestanden – vielleicht sogar damit geprahlt – hatte, er sei

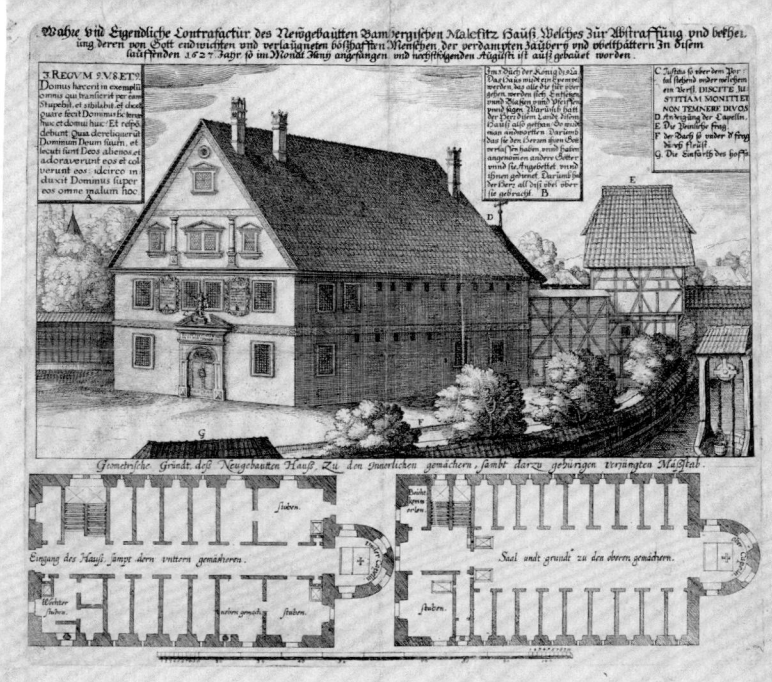

Sondergefängnis für vermeintliche Hexen in Bamberg, errichtet 1627

auf einem Drudentanz (Hexensabbat) gewesen. Im Verhör benannte er sogleich etliche Personen, die er dort getroffen habe. Unter ihnen waren offenbar Verdächtige aus der früheren Prozesswelle. So kam die Maschinerie in Gang, angetrieben von den Verfolgungsbefürwortern.

Die Hinrichtung Unschuldiger fokussierte sich in der Folge auf die Residenzstadt Bamberg und das westlich davon gelegene Amt Zeil am Main (heute Unterfranken). Viele andere bambergische Ämter waren selbst zur Zeit heftigster Verfolgung praktisch prozessfrei. Die Erklärung liegt im planmäßigen Vorgehen: Der Fürstbischof und seine Regierung wollten offenbar ein Amt nach dem anderen nach Teufelsbündnern durchkämmen. In Bamberg kam die Aufgabe, die Strafverfahren aufgrund der Aktenlage zu lenken, grundsätzlich der Malefizkommission der weltlichen Ratsstube zu, also dem für

Strafjustiz zuständigen Ausschuss der fürstbischöflichen Regierung, besetzt mit promovierten Juristen. Solche Gremien neigten oft zur Mäßigung. Allerdings wurde die Malefizkommission im Zuge der großen Verfolgungswelle ab 1626 durch den Fürstbischof ausgehebelt, indem er aus dem Kreis seiner Räte spezielle Hexenkommissare benannte. Der Kanzler hingegen, der ranghöchste Beamte des Ratsgremiums, Dr. Georg Haan, galt als entschiedener Gegner massenhafter Hexereiprozesse. Ihm wurde nachgesagt, er habe 1619 die erste Bamberger Prozesswelle beendet. 1628 wurde er selbst der Hexerei angeklagt, nachdem im Vorjahr seine Frau und eine Tochter in die Fänge der Hexenjustiz geraten waren. Haan und seine ganze Familie starben durch die Hand des Henkers. Ein einflussreicher Spitzenbeamter, der Hexereiprozesse ablehnte, wurde mitsamt seinen Angehörigen aus dem Weg geräumt, und seinen Gesinnungsgenossen im Umfeld des Bamberger Fürstbischofs war vor Augen geführt, was ihnen drohte, wenn sie die Verfolgungsbefürworter nicht gewähren ließen.

Doch ihr Eifer erstickte sich am Ende selbst, denn in Reichsgerichten, in der Umgebung des Kaisers, am Hof des bayerischen Herzogs führten Gegner von massenhaften Hexereiprozessen das Wort. Immer häufiger gerieten, wie sich in Bamberg zeigen lässt, Angehörige der kommunalen Elite in die Mühlen der Hexenjustiz: Bürgermeister und Ratsherren sowie ihre Frauen. Solchen Beschuldigten fehlte es nicht an Geld und an Beziehungen. Verwandte von Inhaftierten und geflohene Angeklagte suchten und fanden Hilfe bei Reichsgerichten und im kaiserlichen Umfeld, denn allzu offensichtlich hatten die Verfolger hergebrachte Rechtsgewohnheiten hintangestellt. So geriet zumal der Bamberger Fürstbischof unter politischen Druck und stellte Ende 1630 die Prozesse ein. Bereits Festgenommene blieben allerdings in Haft, bis im Frühjahr 1632 schwedische Truppen sich dem Hochstift näherten. In dieser aufgeregten Zeit konnte man die Gefangenen ohne öffentliches Aufsehen freilassen.

Nach dem Dreißigjährigen Krieg flammten die massenhaften Prozesse im Bambergischen nicht mehr auf. Die letzte Hinrichtung einer angeblichen Hexe fand 1673 statt.

Hexereiprozesse in Coburg und Kulmbach

Hexereiverfahren gelten weithin als katholisches Phänomen. Tatsächlich kam es aber zu Prozesswellen auch in evangelischen Fürstentümern, so etwa im Herzogtum Sachsen-Coburg. Die Entwicklung ähnelt dem benachbarten Hochstift Bamberg: Das für die Rechtsfindung zuständige Gremium, den Schöppenstuhl, entmachtete der Fürst 1629 zugunsten eines speziellen Hexenkommissars. Unter dessen Regie erreichte die Verfolgung alsbald ihren Höhepunkt. 1633 wurden die Prozesse eingestellt. Wie in Bamberg wurde das Vermögen der Verurteilten konfisziert, um die kostspieligen Prozesse zu finanzieren – ein rechtlich höchst umstrittenes Vorgehen.

Unter dem Eindruck der Verfahren in Coburg schrieb Johann Matthäus Meyfart (1590–1642), Professor am dortigen Gymnasium, eine Streitschrift gegen die Hexereiprozesse, die er 1635, mittlerweile als evangelischer Theologe an die Universität Erfurt berufen, in Druck gab: *Christliche Erinnerung, An Gewaltige Regenten und Gewissenhafte Praedicanten, wie das abschewliche Laster der Hexerey mit Ernst auszurotten, aber in Verfolgung desselbigen auff Cantzeln und in Gerichtshaeusern sehr bescheidentlich zu handeln sey.*

Anders war die Entwicklung in den Zoller'schen Gebieten: In den Markgraftümern Brandenburg-Ansbach und -Kulmbach sind im 16. Jh. bis einschließlich 1604 immerhin 111 Verfahren nachgewiesen, von denen mindestens 42 mit dem Tod der Angeklagten endeten. Im Markgraftum Kulmbach-Bayreuth wurden zwischen 1655 und 1668 zehn Verfahren geführt, die zwei Opfer forderten. Eine Frau wurde 1665 in Hof hingerichtet. Weitgehend prozessfrei blieben dagegen das Landgebiet der Reichsstadt Nürnberg und – soweit bekannt – auch die ritterschaftlichen Orte.

Gute und schlechte Nachbarschaft

Der Bamberger und der Würzburger Fürstbischof, der Markgraf von Brandenburg-Kulmbach und die Reichsstadt Nürnberg waren nicht bloß Nachbarn, sie waren auch durch ihre Zugehörigkeit zum Fränkischen Reichskreis miteinander verbunden. (Lediglich das Coburger Land war wegen seiner Zugehörigkeit zu Kursachsen Teil des Obersächsischen Reichskreises, der sich von dort bis nach Pommern erstreckte.) Er hatte 27 Mitglieder – Fürsten, Grafen und Reichsstädte – und reichte von der böhmischen Grenze bis in den Odenwald, vom Thüringer Wald bis an die Donau.

Geeint im Fränkischen Reichskreis

1500 geschaffen, nahmen die Reichskreise eine durchaus unterschiedliche Entwicklung: Während der Obersächsische Kreis ein papierenes Gebilde blieb und andere Kreise durch eine ihnen zugehörige Hegemonialmacht zur Bedeutungslosigkeit verdammt waren, band der Fränkische Reichskreis seine Angehörigen immer enger zusammen, zumal er seine Zuständigkeiten im Lauf des 16. und 17. Jhs. beständig erweiterte. Er beaufsichtigte das Münzwesen, wahrte den Landfrieden, sorgte sich also um Sicherheit und Ordnung, er reglementierte den Warenverkehr, legte Getreidevorräte an, sorgte sich um Straßenbau und stellte Truppen für Reichskriege. Zu letzterem Zweck unterhielt der Fränkische Kreis ab 1681 ein stehendes Heer von mehreren tausend Mann.

Der Kreistag trat in Nürnberg zusammen, und dort stand auch das Militärarsenal des Kreises. Größten Einfluss im Reichskreis besaß dennoch nicht die Reichsstadt, sondern der Fürstbischof von Bamberg: Er lud, wenn auch gemeinsam mit den Markgrafen, zum Kreistag ein und bestimmte die Tagesordnung. Er bzw. sein Gesandter führte den Vorsitz. Das Amt des Kreisobristen, also des Befehlshabers über die Kreistruppen, hatte – zum Missfallen der Ansbacher Vettern – meist der Markgraf von Kulmbach-Bayreuth inne.

Trotz der Zusammenarbeit im Rahmen des Reichskreises finden wir heute in den Archiven eine Unzahl von Differenzakten, in denen es um rechtliche Konflikte zwischen zwei Fürsten, zwischen einem Fürsten und einem Reichsritter oder zwischen einem Kloster und seinem Landesherrn ging. Da es keine eindeutigen Grenzen gab, sondern Rechte sich nicht selten überlappten, entstanden strittige Situationen. Gehörte ein Vergehen vor den Grundherrn oder vor den Inhaber der Hochgerichtsbarkeit? Fragen wie diese lösten oft langwierige Händel aus, die nicht selten das Reichskammergericht oder den Reichshofrat beschäftigten. Der Zank um eine Zuständigkeit am entlegensten Ort oder um ein paar Kreuzer Gebühren ließ Aktenbündel anschwellen.

Doch darf die Aktenlage nicht in die Irre leiten. Im Großen und Ganzen standen die Herrschaften im östlichen Franken sich während der Frühen Neuzeit gutnachbarlich gegenüber, ungeachtet der Konfessionsgrenzen und allerlei kleiner Konflikte. Der evangelische Herzog Johann Casimir von Sachsen-Coburg lud zu seiner Hochzeit den Bamberger Fürstbischof ein (der nicht erschien, um seinen Gegnern auf katholischer Seite keinen Angriffspunkt zu bieten) und empfing zum Scheibenschießen den Abt des Klosters Banz. Fürsten besuchten einander, und der Austausch war eng.

Der Markgräflerkrieg 1552–1554

Der letzte Krieg, den die hiesigen Akteure gegeneinander führten und der seinen Ursprung in der Region hatte, fand von 1552 bis 1554 statt. Der junge, 1522 geborene Markgraf Albrecht Alcibiades von Brandenburg-Kulmbach, ein Kriegsunternehmer, bald mit dem Kaiser verbündet, bald mit ihm verfeindet, erstrebte Hegemonie in Franken. Unter einem Vorwand erklärte er im Mai 1552 dem Hochstift Bamberg den Krieg. Der Fürstbischof, der um seine Unterlegenheit wusste, trat bereits eine Woche später 20 Ämter, rund ein Drittel seines Landes, an ihn ab. Nach einem Vierteljahr kassierte Kaiser Karl V. den Vertrag, der Bischof nahm die Ämter wieder ein und schloss obendrein im Oktober ein Defensivbündnis gegen Kulmbach mit den Bischöfen von Würzburg und Eichstätt sowie mit den Reichsstädten Nürnberg, Rothenburg und Windsheim.

Wenige Tage darauf fiel Karl V. dem Bischof in den Rücken, denn Albrecht Alcibiades war in den Dienst des Kaisers getreten, und den politischen Preis sollte Bamberg zahlen. Der Kaiser setzte die bambergische Gebietsabtretung wieder in Kraft. Nun aber gab der Bischof nicht klein bei, wehrte sich auf diplomatischem Weg und durch eine Klage vor dem Reichskammergericht, das ihm im Februar 1553 den Rücken stärkte. Daraufhin nahm sich der Markgraf mit Gewalt, was ihm nach eigener Sicht der Dinge zustand: Mitte April 1553 besetzte er Bamberg und blieb dort bis in den Juni. Bei seinem Abzug brannte er die Altenburg nieder. Dass er dann mit seinem Heer nach Niedersachsen zog, nutzten der Fürstbischof und seine Verbündeten, indem sie markgräfliche Gebiete eroberten. Im November 1553 ging die eingeschlossene Residenzstadt Kulmbach in Flammen auf. Endlich, im Juni 1554, schlugen Bamberg und seine Verbündeten den Markgrafen vernichtend. Er floh nach Frankreich; seine Plassenburg wurde eingenommen, geplündert und nach einigen Monaten zerstört.

Hierfür aber hatte Bamberg 1558 eine hohe Entschädigungszahlung an Markgraf Georg Friedrich von Brandenburg-Ansbach und -Kulmbach zu zahlen, der im Vorjahr seinen kinderlosen Vetter Albrecht Alcibiades beerbt hatte. Aus Bamberger Sicht hinterließ der Krieg ein geschundenes, vor allem ein überschuldetes Land. Obendrein hatte der Krieg die Schwäche der traditionellen Befestigungen erwiesen, weshalb der Bischof die Umwehrung seiner Stadt Forchheim nach italienischer Manier modernisieren ließ.

Danach kamen bewaffnete Auseinandersetzungen unter den ostfränkischen Herrschaften im Grund nicht mehr vor – wenn nicht die große Politik hineinspielte.

Vereint im Elend: der Dreißigjährige Krieg

Im Dreißigjährigen Krieg war das östliche Franken lange Zeit bloß Durchzugsgebiet zum eigentlichen Kriegsschauplatz Böhmen; allenfalls bildete Bamberg einen Werbeplatz für die katholische Partei. Die fränkischen Fürsten und Reichsstädte verstanden es, durch rege Diplomatie den Krieg und Truppendurchzüge von ihren Ländern fernzuhalten. Dies hörte auf, nachdem 1630 der schwedische König Gustav Adolf zugunsten der deutschen Protestanten, die am Rand einer Niederlage standen, in den Krieg eingegriffen hatte. Er schlug das kaiserliche Heer im September 1631 bei Breitenfeld nahe Leipzig. In der Folge eroberte er das katholische Franken: Im Oktober 1631 fielen die würzburgische Festungsstadt Königshofen im Grabfeld, die Stadt Würzburg und die Festung Marienberg. Im Dezember 1631 näherten sich die schwedischen Truppen Bamberg, das sie im folgenden Frühjahr einnahmen. Dann zogen sie das Maintal hinauf.

Wie es wenige Monate nach dem Einfall der Schweden am Obermain aussah, zeigt ein Bericht des Lichtenfelser Amtmanns. Er beklagte, *in was elendten Zustandt dise Landtschaft und Gegent gerathen, dan alles, waß an Vihe, Pferdten, Mobilien in allen Dörfern befunden, neben den beeden schönen Clöstern Lanckheimb und Banz genzlich ruinirt, alles zerschmissen und geblündert, [...] unzehlig vil arme Leuth [...] sambt Weib und Kindt in das bitter Elendt veriagt, todt geschmissen, gepeinigt, geschendet und jemerlich verwundet* – und es sei *noch uf dise Stundt kein Aufhören*.

Bald gewannen die kaiserlichen Truppen Bamberg zurück und drangen ins Bayreuthische vor, dann wieder hatten die Schweden die Oberhand. Im Frühjahr 1633 war das ganze Hochstift Bamberg von den Truppen des Herzogs Bernhard von Sachsen-Weimar kontrolliert, allein die beiden Festungen Forchheim und Kronach mit ihrem unmittelbaren Umland ausgenommen. Bamberg wurde im März 1633 ausgeplündert.

Da der Grundsatz galt, dass das jeweilige Land die Truppen ernähren müsse, bedeuteten alle Kriegshandlungen – ob durch feindliches oder „befreundetes" Militär – eine Belastung für

Fassade der Jesuiten- bzw. Universitätskirche in Bamberg, errichtet 1686–1693 durch Leonhard Dientzenhofer, seit 1804 Pfarrkirche St. Martin. Aufnahme 1897

die Menschen. Als 1646 der kaiserliche Befehlshaber, Erzherzog Leopold Wilhelm (1614–1662), Bischof von Passau, Straßburg, Halberstadt und Olmütz, sieben Wochen lang mit seiner Armee in der und um die bambergische Stadt Staffelstein lag, wurde es schwierig, die erforderliche Verpflegung zu beschaffen. So halfen sich die Soldaten selbst, indem sie sogar katholische Kirchen in weitem Umkreis ausplünderten, dass *kein Glockhen noch Uhrstrang* übrig blieb. Der Langheimer Mönch Mauritius Knauer schrieb 1647 nach Österreich, er fürchte die Bayern mehr als die Schweden.

Gerade in der ersten Phase des Krieges, in den frühen 1630er Jahren, kam es auch auf kleinräumiger Ebene zu Kriegshändeln und Beutezügen. Einzelne Spuren haben bis heute Bestand. So hängt eine Glocke, die aus der evangelischen Kirche im ritterschaftlichen Strössendorf ins bambergische Weismain verschleppt wurde, bis jetzt im dortigen Kirchturm, und Glocken des Klosters Banz läuten nach wie vor in Eisfeld im damaligen Coburger Land (heute Lkr. Hildburghausen, Thüringen).

Über Jahrzehnte litten die Menschen im östlichen Franken unter militärischen Aktivitäten, unter den Anforderungen der Truppen, ob Freund oder Feind, unter den Seuchen, die sich angesichts gesteigerter Mobilität rasend verbreiteten und die dank der schlechten Versorgungslage leichtes Spiel hatten.

Als der Krieg zu Ende ging, hinterließ er ein geschundenes, verarmtes, in manchen Landstrichen entvölkertes Land. Manche Städte und Dörfer des Hochstifts Bamberg erreichten erst im 19. Jh. wieder die Einwohnerzahl, die sie vor dem Krieg gehabt hatten. Etliche Bauten, zumal Kirchen, wurden während des Kriegs oder bald danach repariert. Doch eine barocke Neugestaltung repräsentativer Profan- und Kirchenbauten setzte erst in den 1680er Jahren ein. Der Bau der Bamberger Jesuitenkirche und des Sommerschlosses Seehof markiert im Hochstift den Beginn dieser Ära, die ein gutes Dreivierteljahrhundert währte.

Es war gewiss noch Folge des Krieges, dass es anfangs an einheimischen Fachkräften mangelte. Die Baumeister griffen daher auf Wanderarbeiter zurück: Maurer, Steinmetze und Zimmerleute kamen im Frühling zu Hunderten aus ihrer Heimat in Tirol, in Vorarlberg, im Allgäu oder im bayerischen Voralpenland nach Franken, um hier bis in den Oktober auf den Großbaustellen in Bamberg und Bayreuth, Ebrach, Langheim und Banz zu arbeiten.

Umbruch um 1800: Vordringen der Großmächte und Säkularisation

Die verschachtelte Welt der kleinen und größeren Herrschaftsgebilde veränderte sich, als Großmächte nach Franken vordrangen. Zunächst versuchte Preußen, nach Bayreuth auszugreifen.

Preußen als Erbe des Markgraftums Kulmbach-Bayreuth

Der prunkliebende Markgraf Georg Wilhelm († 1726) hatte keine erbberechtigten Söhne. Da warf der weitläufige Vetter im Norden, der Kurfürst von Brandenburg, seit 1701 als Friedrich I. König in Preußen, seinen Blick auf das fränkische Markgraftum. Ein entfernter Verwandter Georg Wilhelms – der nicht-regierende Markgraf Christian Heinrich (1661–1708) – hatte 1703 einen Vertrag mit dem König geschlossen, durch den er zu dessen Gunsten auf das Erbe verzichtete. Er erhielt dafür eine stattliche Leibrente und freie Unterkunft im Schloss Weferlingen bei Halberstadt.

Doch der Vertrag wurde lautbar und sorgte für Unruhe: Eine werdende Großmacht drohte nach Franken auszugreifen. Dies konnte den Nachbarn, allen voran dem Bamberger Fürstbischof, nicht recht sein, und es widerstrebte dem Kaiser. Da traf es sich gut, dass der jüngere, unverheiratete Bruder Christian Heinrichs sich weigerte, dem Vertrag zuzustimmen, und dagegen beim Reichshofrat in Wien klagte. Ihm zur Seite traten der Ansbacher Markgraf, der ebenfalls Erbansprüche eingebüßt hätte, und der Bayreuther Erbprinz Georg Wilhelm – ihn als künftigen Erblasser hatte man gar nicht gefragt. Endlich gab Preußen 1722 nach und verzichtete – allerdings gegen eine riesige Entschädigungssumme, die das Markgraftum Bayreuth über ein halbes Jahrhundert lang schwer belastete. Beim Erbfall 1726 kam die Weferlinger Nebenlinie zum Zug.

Doch auch sie hatte bereits in der nächsten Generation keine männlichen Erben mehr. Nach dem Tod des Markgrafen Friedrich 1763 übernahm die Herrschaft sein Onkel, der verwitwete dänische Generalleutnant Friedrich Christian (1708–1769). Dann fiel Bayreuth an die Ansbacher Linie der Zollern. Markgraf Karl Alexander (reg. 1757–1791), der jetzt die beiden fränkischen Markgraftümer in Personalunion regierte, hatte ebenfalls keine Kinder. Im Mai 1791, kurz nach dem Tod seiner zweiten Frau, verließ er sein Land. Von Bordeaux aus erklärte er am 2. Dezember 1791 seine Abdankung und übersiedelte mit seiner englischen Geliebten an die Themse. Nun fiel das Land an Preußen – endlich, wie man in Berlin wohl dachte.

Die Ära Hardenberg

König Friedrich Wilhelm II. von Preußen (reg. 1786–1797) schickte im beginnenden Jahr 1792 den umtriebigen und ehrgeizigen Karl August von Hardenberg (1750–1822) als seinen Vertreter nach Franken. Der Jurist, zuvor Minister in Wolfenbüttel, war erst kurz zuvor in preußische Dienste getreten, eben um die Aufgabe des Regierungschefs in Franken zu übernehmen. Es war, als habe man einen Hecht in einen Karpfenteich geworfen: Hardenberg machte sich alsbald daran, die Grenzen der neuen preußischen Provinzen zu klären und sie, wo irgend möglich, auszudehnen, allen Protesten aus Bamberg, Würzburg oder der kraftlosen Reichsstadt Nürnberg zum Trotz. Er wischte, gestützt auf seine Übermacht, reichsritterliche Vorrechte beiseite, bis ihn die Berliner Politik in seinem Elan bremste.

Hardenberg entzog die preußischen Einheiten den Truppen des Reichskreises. Auf ihn gab er ohnehin, wie er selbst sagte, *keine drei Kreuzer mehr.* Die Bamberger Bischofswahl von 1795 soll er durch Bestechungsgeld beeinflusst und so die Fortführung einer Bamberg-Würzburger Personalunion vereitelt haben. Ganz von aufklärerischem Gedankengut beseelt, organisierte er im Inneren die Verwaltung neu. Er ließ Statistiken fertigen, vermessen, beschreiben. Obwohl in Berlin Kritik an seiner Eigenmächtigkeit laut wurde, qualifizierte ihn seine Tatkraft für höhere Aufgaben: 1804 wurde er preußischer Außenminister, später Staatskanzler, erhoben zur Würde eines Fürsten.

Hardenberg ließ seine Politik durch eine Ansbacher, später durch eine Bayreuther Zeitung publizistisch begleiten. Aus Berlin brachte er den Juristen Friedrich von Schuckmann (1755–1834) mit, einen Mecklenburger, der als Kammerpräsident die Finanzverwaltung führte. Das Gerichtswesen in den fränkischen Fürstentümern Preußens organisierte ab 1795 Friedrich Leopold Kircheisen (1749–1825), ein Berliner, neu; er stieg 1810 zum preußischen Justizminister auf. Erster Archivar wurde 1795 der Schwabe Karl Heinrich Lang (1764–1835), der in Göttingen studiert und für die Familie Hardenberg gearbeitet hatte. Er avancierte später zum obersten bayerischen Archivar. Der sächsische Arzt Johann Gottfried Langermann (1768–1832) strukturierte die „Irrenanstalt" in St. Georgen zu einer zukunftsweisenden Heilstätte um.

Der berühmteste unter den jungen preußischen Beamten war fraglos Alexander von Humboldt (1769–1859), der erst ein montankundliches Gutachten über die Fürstentümer Bayreuth und Ansbach erstellte, dann als Oberbergmeister den daniederliegenden Bergbau wiederbeleben sollte. Er gründete Bergschulen in Steben und Arzberg, um Innovationen einzuführen, und initiierte staatliche Investitionen, um Vorbild zu geben. Obwohl rasch zum Oberbergrat befördert, verließ er Franken und zugleich den preußischen Staatsdienst nach nicht einmal fünf Jahren, um Forschungsreisen zu unternehmen.

Europäische Konflikte und ihre Folgen für Franken

In dieser Zeit, von 1792 an, stand das Heilige Römische Reich im Krieg mit dem revolutionären Frankreich. Doch die deutschen Truppen erwiesen sich als den französischen Volksheeren unterlegen; diese drangen zweimal weit in Reichsgebiet vor.

1796 ging Strullendorf bei Bamberg in Flammen auf; der Abt des Klosters Banz wurde als Geisel verschleppt, um Lösegeld zu erzwingen. Die preußischen Gebiete waren währenddessen Inseln des Friedens, da der König einen Separatfrieden mit Frankreich geschlossen hatte. Lediglich die durch die Heerzüge begünstigte Rinderpest suchte alle Gegenden heim.

Der Frieden, den Frankreich und das Reich am 9. Februar 1801 in Lunéville schlossen, legte den Rhein als Grenze beider Staatsgebilde fest. Dies hatte zur Folge, dass etliche deutsche Fürsten ganz oder teilweise enteignet wurden. Sie waren zu entschädigen, und zwar innerhalb des restlichen Reichsgebiets. Es lag auf der Hand, dass dafür kleine Fürstentümer geopfert werden mussten. Dafür boten sich geistliche Staaten an, die ohnedies in der gelehrten Kritik standen; in ihnen gab es keine Dynastie, die hätte entschädigt werden müssen.

Ein französisch-bayerischer Vertrag, geschlossen am 24. August 1801, bestimmte bereits, wie die bayerisch-pfälzischen Einbußen kompensiert werden sollten. Der französisch-russische Entschädigungsplan, am 18. August 1802 dem Reichstag übergeben, sah für Bayern großzügig bemessene Gebietszuweisungen vor, die die tatsächlichen linksrheinischen Verluste spürbar übertrafen. Mit geringen Modifikationen wurde der Plan im Frühjahr 1803 Reichsrecht. Bayern war darin eine Reihe von Hochstiften, Reichsstädten und Reichsabteien zugedacht, darunter Bamberg und Ebrach sowie der größte Teil des Hochstifts Würzburg. Die diplomatischen und publizistischen Bemühungen der beiden Fürstbistümer, ihre Existenz zu retten, verpufften angesichts ihres von den Großmächten vorgezeichneten Schicksals.

Mit offenbarem Gleichmut nahmen es Herren wie Untertanen auf, als Anfang September 1802 bayerische Truppen die Hochstifte Bamberg und Würzburg besetzten, um sich die von Frankreich und Russland in Aussicht gestellte Beute zu sichern. Schon am 6. Juli 1802 hatte die Bamberger Regierung die Beamten in Vilseck und Neuhaus, also in der Nachbarschaft der Oberpfalz, angewiesen, über bayerische Truppenbewegungen und -konzentrationen zu berichten und bei einem Grenzübertritt solcher Truppen keinen Widerstand zu leisten, sich aber auf keine rechtlichen Zusagen einzulassen. Entsprechend verhielten sich die Beamten, als im Spätsommer tatsächlich bayerisches Militär eintraf.

Obwohl Bayern angekündigt hatte, nur die Residenzstadt Bamberg und die beiden Landesfestungen Forchheim und Kronach zu besetzen, verteilte sich das kurfürstliche Militär übers ganze Land. In den kleinen Amtsstädten waren ab Anfang/Mitte September einzelne Offiziere und kleine Gruppen von Soldaten einquartiert, und selbst abgelegene Dörfer okkupierte man, indem einige wenige Soldaten im Ort untergebracht wurden, wo sie verpflegt werden mussten.

Erst nach Monaten schloss sich der militärischen Okkupation die förmliche Zivilbesitznahme an.

Die Herrschaftsübernahme durch Bayern

Am 22. November 1802 gab Kurfürst Maximilian IV. Joseph von Bayern – ab 1806 als Maximilian I. Joseph König – bekannt, dass er Johann Wilhelm von Hompesch (1761–1809) zum Generalkommissär für seine Gebietserwerbungen im fränkischen Reichskreis ernannt habe. Eine Woche darauf legte der Fürstbischof von Bamberg seine Herrschaft nieder, entband Beamte, Geistliche und Untertanen von ihren Eiden, und Hompesch trat sein Amt an. Dem greisen Fürstbischof wurden nachgehend eine üppige Pension sowie das Wohnrecht in der Neuen Residenz und im Schloss Seehof zugestanden.

Hompesch residierte ebenso wie sein Nachfolger Friedrich Karl von Thürheim (1763–1832) in Würzburg; in Bamberg etablierte sich eine *subdelegirte Civilkommission* unter Franz Wilhelm von Asbeck (1760–1826), die zwischen Generalkommissariat und den bambergischen Zentralbehörden angesiedelt war; an ihre Stelle trat 1803 die Landesdirektion Bamberg. Sie leitete der aus Mannheim stammende Stephan von Stengel (1750–1822), wohl ein Sohn des ehemaligen Kurfürsten Karl Theodor († 1799).

Beamte und Pfarrer wurden im Herbst 1802 auf den neuen Herrn vereidigt. Die Regierung ließ alle staatlichen, stiftischen und klösterlichen Archive in Bamberg versiegeln und die Kassen schließen. In jedem Ort sollten die kurfürstlichen *Besitzergreifungspatente* angeschlagen werden, das kurfürstliche Wappen war *an den unstreitigen Grenzen des Fürstenthums [...] aufzurichten und die bischöflichen, jedoch ohne Aufsehen, abzunehmen.* Auch in den ritterschaftlichen Orten, die bambergisches Lehen waren, sollten derartige Patente aufgehängt werden, was mancher Reichsritter als Versuch sah, ihn unter landesherrliche Gewalt zu zwingen.

Die Aufhebung der Klöster und Stifte

Die Politik der neuen Herren richtete sich zuerst auf das Domkapitel, die übrigen Chorherrenstifte und die mit reichem Stiftungsgut ausgestatteten Prälatenklöster. Für sie war im modernen, aufklärerischen Bayern kein Platz mehr. Zum einen lockte ihr Besitz; bedeutsamer war aber zum anderen, dass man die alles entscheidende Frage nach Gemeinnützlichkeit für Klöster und Stifte verneinte. Die Benediktinerabtei war wegen ihrer gebildeten, wissenschaftlich renommierten Mönche reichsweit angesehen – doch selbst sie blieb vom Untergang nicht verschont. Ein ehemals fürstbischöflicher, nun kurfürstlicher Beamter erschien und ließ Abt, Mönche und Klosterdiener den Treueid auf den Kurfürsten schwören. Er verlangte eine Auflistung der Ämter und Kassen sowie der Archivalien und verschaffte sich einen Überblick über den Finanzstand, die Getreide- und die Weinvorräte.

Gegen Jahresende 1802 hatte dann ein regionaler Beamter detaillierte Verzeichnisse des vorhandenen beweglichen Besitzes vorzulegen, die Gerichtsbefugnisse wurden den Klöstern entzogen, und wo es Novizen gab, waren sie zu entlassen. Schon meldeten sich Kaufinteressenten, die Inventarteile der Klöster erwerben wollten. Im Januar 1803 gründete die Bamberger Zivilkommission eine *Kommission für die Administration sämmtlicher Stifter und Klöster.* Für jede Einrichtung wurde ein Referent bestimmt, der Rechnungen auswertete, Urbarbücher und Urkunden durchsah, historische Übersichten

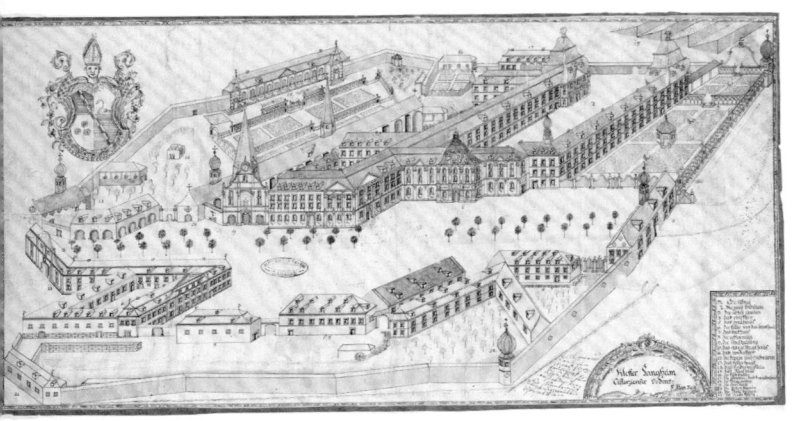

Kloster Langheim kurz vor seiner Aufhebung. – Zeichnung von F. Alanus Bittermann, 1794

erstellte, beweglichen Besitz genauestens erfasste und Listen des Personals erstellte.

Als die Klosterkommission ab April 1803 ihr Ergebnis für die einzelnen Klöster vorlegte, setzte die Landesdirektion Tagegelder für Abt und Mönche fest. Nun entzog der Kurfürst den Abteien vollends die Verwaltung ihres Besitzes. Der klösterliche Konsulent wurde zum Verwaltungschef, der Abt, sein früherer Herr, wurde bloßes Objekt seiner Administration. Einige Zeit später kündigte man den Mönchen dann die bevorstehende Auflösung ihres Klosters an. Äbte wurden mit üppigen Pensionen und ansehnlichen Wohnsitzen versehen – hier zeigte sich der Kurfürst weit großzügiger als bei altbayerischen Klöstern –, und auch die Konventualen erhielten eine angemessene Versorgung. Sofern sich die Mönche nicht zur Ruhe setzten, wirkten sie zumeist in der Seelsorge, von bemerkenswerten Ausnahmen abgesehen, wie dem Schulinspektor Georg Ildephons Schatt (1774–1829), dem Leiter des Naturalienkabinetts Bamberg Dionysius Linder (1762–1838), dem Philosophie- und späteren Sanskritprofessor Othmar Frank (1770–1840), allesamt aus Banz, oder dem Bibliothekar Joachim Heinrich Jäck (1777–1847) und dem

Freisinger Lehrerseminarinspektor Thomas Wazanini (1772–1814), beide aus Langheim.

Eine Versteigerung jagte in den Klöstern die nächste. Höfe und Grundstücke verkaufte oder verpachtete man gegen Höchstgebot, ebenso Getreide, Wein, Vieh und Mobiliar. Auch vor Kircheninterieur machte man nicht Halt. Liturgische Gewänder gelangten in ein Zentraldepot, und sofern sie nicht wegen ihres Materialwertes, etwa wegen eingewobener Goldfäden, zerstört wurden, kam mancher Dorfgeistliche nun zu einem ansehnlichen Messgewand.

Aus den Bibliotheken der Stifte, Klöster und der Universität formte man in Bamberg eine neue Zentralbibliothek, die Kurfürstliche Bibliothek, heute Staatsbibliothek. Mehrere Naturaliensammlungen vereinigte man ebenfalls in Bamberg zum Kurfürstlichen Naturalienkabinett. Das berühmte Münzkabinett von Banz wurde nach München transferiert und mit der Kurfürstlichen Sammlung vereinigt. Gemälde wurden, soweit sie nicht bedeutsam genug schienen, um sie nach München zu senden – das waren wenige –, zu einer Galerie in der Neuen Residenz Bamberg zusammengeführt.

Mit Kunstwerken von hohem Materialwert, vor allem mit liturgischem Gerät, ging die bayerische Verwaltung nicht selten brutal um. So ließ ein Michelsberger Benediktiner einen Erfurter Mönch im Juli 1803 wissen: *Das Zusammenschlagen der Monstranzen, Kelchen, leüchtern, Crucifixen und dergleichen geht unaufhörlich fort; alle Perlen und Edelgesteine werden von Heiligthümern getrennet.* Am Heinrichsfest konnte man die Reliquien des heiligen Kaiserpaares *nicht auf den Altar stellen, weilen alle Heiligthümer ihrer einfassung und zierdte beraubt sind.* Gebäude, die unbrauchbar schienen, zumal überzählige Kirchen, riss man ab, falls sie nicht für profane Zwecke umzunutzen waren, oder der Staat verkaufte sie auf Abbruch. So wurde 1804 die alte Bamberger Pfarrkirche St. Martin abgetragen, um einen Platz anzulegen, benannt nach dem bayerischen Kurfürsten Maximilian Joseph; ebenso verschwand die durch einen Brand ohnehin geschädigte Klosterkirche von Langheim vom Erdboden, und so manche Filialkirche folgte.

Mythos Beutekunst

Im Zusammenhang mit dem Ende der geistlichen Staaten 1802 und der Klöster 1803 erscheint immer wieder der Begriff „Beutekunst". Damit verbindet sich die Vorstellung, wahre Karawanen von Kunstwerken seien aus Franken nach München geschafft worden. Tatsächlich kam nur eine Handschrift wegen ihrer historischen Bedeutung von Bamberg in die Hauptstadt, dazu fünf Kodizes aufgrund des hohen materiellen Werts, den ihr Einband besaß. Rund 160 Handschriften aus frühmittelalterlicher und ottonischer Zeit blieben hingegen vor Ort und befinden sich bis heute in der 1803 gegründeten Staatsbibliothek Bamberg. Sechs kostbare liturgische Gewänder wurden, ebenfalls wegen der eingewebten Goldfäden, nach München geschafft, jedoch schon nach einem halben Jahrhundert wieder nach Bamberg zurückgebracht. Die „Kaisermäntel" sind heute im Diözesanmuseum Bamberg zu sehen. Auch die Zahl der Gemälde aus Bamberg und Ebrach, die der Galeriedirektor Johann Christian von Mannlich für München auswählte, war letztlich gering.

Von den Stiften und Prälatenklöstern unterschieden sich die Niederlassungen der Bettelorden, deren Besitz meist geringen Umfang hatte, wo also zu zahlende Pensionen nicht im Verhältnis mit dem verstaatlichten Besitz gestanden hätten. Nur einzelne Klöster wurden aufgehoben, die Insassen in andere Klöster versetzt, die fortbestanden – freilich nur als Aussterbeorte, denn den Franziskanern, Dominikanern, Kapuzinern, Karmeliten und den Frauenklöstern waren Neuaufnahmen strikt untersagt. Die Kapuzinerniederlassung in Gößweinstein war ein Beispiel für ein solches Aussterbekloster.

Weil eine Universität – nämlich Würzburg – für Franken zu genügen schien, hob man die 1647 gegründete Bamberger Hochschule, ungeachtet ihrer berühmten medizinischen Fakultät, auf. Frommes Handeln wurde geradezu zur kriminellen Tat: Wallfahrten wurden untersagt, das Aufstellen von Weihnachtskrippen und Heiligen Gräbern verboten.

Die bayerischen Reformen

Der Kurfürst erklärte die christlichen Konfessionen für gleichberechtigt, woraufhin an einst fürstbischöflichen Orten evangelische Pfarreien entstanden: 1803/04 in Michelau, 1804 in Unterrodach, 1807 in Bamberg. Stadtgräben wurden trockengelegt und zu Gärten gemacht, Alleen gepflanzt, die Obstbaumzucht propagiert, Fabrikgründungen gefördert, ein Volksgarten in Bamberg angelegt. Eine flächendeckende ärztliche Versorgung wurde geschaffen, Friedhöfe wurden, namentlich in den Städten, auf freies Feld verlegt, Fachwerkbauten wurden verboten und Steinhäuser verlangt. Kurz, die bayerische Politik griff tief in das Alltagsleben eines jeden Staatsbürgers ein.

Die Grenzen der Provinz Bamberg wurden neu gezogen, wobei man auf Traditionen keinen Wert legte. Mit Preußen einigte man sich nach kurzen Verhandlungen auf einen Gebietstausch, so dass Anfang 1804 ehemals bambergisches Gebiet, etwa im Frankenwald, abgetreten und dafür bayreuthische Ämter wie Streitberg und Lauenstein bayerisch wurden. Das ehemalige Amt Tambach der Abtei Langheim wurde im August 1805 dem Grafen Joseph Carl von Ortenburg (1780–1831) im Tausch gegen die niederbayerische Reichsgrafschaft Ortenburg überlassen. Der ehemals klösterliche Amtshof wurde gräfliches Schloss. Allerdings wurde die Grafschaft Tambach bereits ein Jahr später mediatisiert und damit erneut bayerisch.

Beim Versuch, sich die Reichsritterschaft einzuverleiben, scheiterte Bayern einstweilen. Zwar lockte der Generalkommissär mit besonderen Vorrechten für diejenigen Ritter, die sich der bayerischen Krone unterstellten, doch sperrte sich der Adel überwiegend. Auf Druck aus Österreich hin stellte die Münchner Regierung ihr Vorhaben ein. Erst um die Jahreswende 1805/06, kurz bevor das Reich unterging, läutete der Reichsritterschaft das Totenglöcklein: Napoleon, gegen Österreich und Russland mit den süddeutschen Fürsten verbündet, ließ im Dezember 1805 seinen Truppenkommandeuren mitteilen, die Reichsritterschaft befinde sich im Kriegszustand mit

Frankreich; deshalb sollten französische Truppen Bayern bei der Besitzergreifung ihrer Orte unterstützen. Die Rheinbundakte vom 12. Juni 1806 sanktionierte die Mediatisierung der Ritterschaft dann ausdrücklich.

Das Ausgreifen Bayerns nach Bayreuth

Im Oktober 1806 okkupierte Frankreich, das mit Preußen im Krieg stand und es verheerend geschlagen hatte, das Fürstentum Bayreuth. Im Frieden von Tilsit vom 7. Juli 1807 musste Preußen das Land dann förmlich an Frankreich abtreten. Dabei hatte Napoleon gar nicht vor, Bayreuth auf Dauer zu behalten. Es galt von vornherein als Tauschobjekt, wobei als Empfänger im Grund nur Bayern in Frage kam, das seit 1801 treu an Napoleons Seite stand. Der vormalige Kurfürst Maximilian Joseph verdankte dem französischen Kaiser seine 1806 angenommene Königswürde.

Um Bayreuth entspannen sich zähe Verhandlungen zwischen den führenden Außenpolitikern beider Seiten. Dabei ging es weniger um die prinzipielle Frage, ob das Fürstentum an Bayern übergehe, sondern vielmehr um den Preis, der für die Domänen zu zahlen war. Erst am 28. Februar 1810 brachte der Pariser Vertrag die Einigung: Bayern musste einige Gebietsgewinne der letzten Jahre aufgeben und erhielt einen großzügigen Ausgleich, darunter das Fürstentum Bayreuth. Für die Domänen freilich fiel eine hohe Zahlung an. Am 30. Juni 1810 nahm Bayern den neuen Landesteil in Besitz.

Zwischenzeitlich war Bayern verfassungsrechtlich umgeformt worden. Aus der Summe einzelner Herrschaften war ein Einheitsstaat geworden, gegliedert in Kreise, die entsprechend französischem Muster nach Flüssen hießen. So wurde 1808 aus der Provinz Bamberg der Mainkreis. Ihm wies man nun den neuen Landesteil Bayreuth zu. Damit verbunden war freilich die Verlegung der Kreisverwaltung, des Generalkommissariats, nach Bayreuth.

In Bamberg betrachtete man das als Katastrophe. *Unsere Stadt besaß früher einen fürstlichen Hof, ein reiches Domkapitel,*

Marktredwitz

Als einstiger Teil des Egerlandes unterscheidet sich Marktredwitz in seiner Geschichte von allen anderen Städten Oberfrankens. 1339 schenkte Kaiser Ludwig IV., der Bayer, den Ort Redwitz dem Zisterzienserkloster Waldsassen, das ihn schon 25 Jahre als Pfand innehatte. Wenig später verkaufte die Abtei Redwitz an die 25 km entfernte Reichsstadt Eger. Diese hatte der Kaiser 1322 an das Königreich Böhmen verpfändet. Redwitz – seit 1384 als Markt nachgewiesen – unterstand also Eger, und Eger unterstand wiederum dem König von Böhmen.

Redwitz bildete gleichsam eine kleine böhmische Insel inmitten des Markgraftums Kulmbach, nahe der Grenze zur Oberpfalz. Anders als Böhmen, konnte die Bürgerschaft hier ihren evangelischen Glauben verteidigen. Doch Kaiserin Maria Theresia stationierte böhmische Soldaten in Redwitz und erbaute für sie 1776 eine katholische Garnisonskirche am Marktplatz. Für ein Messgewand stiftete sie Stoff von ihrem Brautkleid.

Erst 1816 erwarb Bayern Redwitz im Tausch gegen die Stadt Vils in Tirol. Den Aufstieg des Marktes begründete der Bahnbau ab 1877, der die Industrialisierung ermöglichte und ein starkes Bevölkerungswachstum hervorrief. 1907 erlangte der Markt Redwitz das Stadtrecht und nahm den Namen „Marktredwitz" an. Von 1919 bis 1972 war die Stadt sogar kreisunmittelbar (kreisfrei).

viele reiche Gutsbesitzer, viele reiche Familien überhaupt, eine Universität nebst anderen Studienanstalten, mehrere mit bedeutenden Einkünften versehene Klöster u.s.w., stellte 1821 der Bamberger Bürgermeister fest und lamentierte: *Die durch den Strom der Zeit herbeigeführten Ereignisse brachten den Verlust alles dieses herbei, und dadurch gieng der hiesigen Stadt Reichthum, Wohlstand verloren. [...] Sonst waren die Renten des ganzen Fürstenthums in unserer Stadt im Umlaufe; izt entgehen sie beynahe Alle, fliesen anderswohin. [...] Sonst war viel Verdienst und wenig Abgaben; izt viele Abgaben und geringer Verdienst. Sonst waren Gewerbe und Handel lebhaft, blühend; izt hingewelkt, todt.* Das 19. Jh. hindurch dauerte die Konkurrenz der beiden einstigen Residenzen um Behörden an.

Wirtschaftliches Leben zwischen Altem Reich und früher Industrialisierung

Weite Teile Oberfrankens waren landwirtschaftlich geprägt, dabei oft kleinbäuerlich. Als im 13. und 14. Jh. an die Stelle von herrschaftlichen Regiebetrieben nach und nach die Abgabenwirtschaft trat, wurden vielerorts größere Einheiten zerschlagen. Doch während es in manchen Orten mehrere Höfe mit über 50 Tagwerk gab, waren andere Dörfer kleinbäuerlich strukturiert.

Wandlungen in der Landwirtschaft

Wenngleich das landwirtschaftliche Arbeiten oft statisch erscheint, gab es doch massive Veränderungen. Der Weinbau, für den mit dem Ortsnamen „Weingarten" (nahe Kloster Banz) ein frühmittelalterlicher Beleg existiert, ging seit dem 16. Jh. zurück. Bis dahin fand man nördlich von Kronach und östlich von Kulmbach noch Weinberge. Doch Klimaverschlechterung und veränderte Trinkgewohnheiten machten die pflegeintensiven Weingärten in ungünstigen Lagen unwirtschaftlicher. An ihre Stelle traten oft Baumgärten, wie beispielsweise in Neunkirchen am Brand belegt.

Die bemerkenswerteste Innovation stellte gewiss die Einführung der Kartoffel als Feldfrucht dar. 1591 schenkte ein Nürnberger Arzt einem Bamberger Kollegen Kartoffeln, die damals freilich noch als Zierpflanze galten. Folgenreicher war es, dass der Bauer Hans Rogler aus Pilgramsreuth, einem Pfarrdorf bei Rehau, 1647 oder wenig später Kartoffeln aus dem rund 15 km entfernten böhmischen Städtchen Roßbach erhielt und sie auf einem Feld einpflanzte. Wir erfahren davon, weil in den folgenden Jahrzehnten andere Einwohner Roglers

Beispiel folgten und dem Pfarrer die Zehnt von den betreffenden Feldern verweigerten; er habe, so argumentierten sie, nur Anspruch auf Getreide und Schmalsaat, nicht aber auf die „Erdäpfel". Allmählich verbreitete sich der Kartoffelanbau, zunächst in Ungunstregionen wie Fichtelgebirge und Frankenwald, während er ins fruchtbare Bamberger Umland erst im späten 18. Jh. vordrang.

Der Hopfenanbau spielte lange Zeit eine geringe Rolle und konnte den regionalen Bedarf für das rege betriebene Brauwesen bei weitem nicht decken. Böhmische Hopfenhändler belieferten die Brauer im östlichen Franken. Doch ab 1767 förderte der Bamberger Fürstbischof die Anlage von Hopfengärten durch Steuerbefreiungen. Schon an der Wende vom 18. zum 19. Jh. war das Hochstift Bamberg von Importen beinahe unabhängig, und bald darauf konnten einige Orte wie Baunach, Bischberg und Weismain sogar ihren Hopfen überregional absetzen.

Weit größere Umbrüche bescherten die Aufklärungszeit und der politische Umbruch ab 1802. Die Eliten propagierten den Obstbau, mit dessen Hilfe selbst schwer zu beackernde Grundstücke oder die Ränder von Landstraßen nutzbar zu machen waren. Den Schulen wurden *Industriegärten* angegliedert, in denen die Lehrer ihre Zöglinge mit der Pflege und Veredlung von Obstbäumen vertraut machen sollten. Ein ehemaliger Mönch des Klosters Langheim, Ägidius Baumann (1776–1855), trieb die Anlage solcher Schulgärten voran und schrieb ein mehrmals aufgelegtes pomologisches Lehrbuch. Schon früher hatte der Obstbau an begünstigten Hängen der Fränkischen Schweiz hohe Bedeutung erlangt. In einigen Dörfern bei Forchheim lebten um die Wende vom 18. zum 19. Jh. *Bäumchenhändler*, die ihre Pflanzen als Hausierer europaweit absetzten, bis ans Weiße Meer.

Die Staatsaufklärung bescherte auch das Ende der traditionellen Viehhaltung. Über Jahrhunderte war die Weidewirtschaft üblich. Der Dorf- oder Stadthirte trieb die Rinder der Einwohner auf Hutflächen in Gemeindehand. Dies erschien ineffizient: Das Vieh solle im Stall gehalten, der Anger unter die Ortsansässigen aufgeteilt und als Ackerfläche genutzt werden. Bereits

1782 ließ der Bamberger Fürstbischof Franz Ludwig von Erthal (reg. 1779–1795) bei Schloss Seehof eine *Schweizerei* als musterhafte Vieh- und Milchwirtschaft errichten und erklärte sie für öffentlich zugänglich. Allerdings blieben Nachahmer aus. Erst auf den Druck der bayerischen Behörden kam es dazu, dass Viehweiden parzelliert und unter den Pflug genommen wurden. Gemeindehirten verloren ihre Stelle, und die Viehhalter bauten nun Futterpflanzen wie Esparsette an.

Für ebenso unökonomisch erklärten die Eliten Teichwirtschaft, und obendrein galten die stehenden Gewässer als gesundheitsgefährdend. So wurden große und kleine Teiche trockengelegt und als Wiesen oder Ackerflächen genutzt. Der Brandenburger Weiher, fast 300 Tagwerk groß, auf dem der Bayreuther Erbprinz Georg Wilhelm im frühen 18. Jh. Seeschlachten inszeniert hatte, wurde 1776 für immer abgelassen. Vor allem nach dem Untergang des Hochstifts Bamberg, als viele Staatsimmobilien versteigert wurden, boten Behörden Teiche bisweilen mit der Aufforderung feil, sie *zu Feld umzuschaffen*.

Die Vordenker der Zeit setzten, damit das Gemeinwesen weniger importabhängig sein möge, auf Sonderkulturen wie Tabak, Krapp, Mohn oder auch Maulbeerbäume, meist jedoch mit bescheidenem oder nur kurzzeitigem Erfolg.

Die Landwirtschaft erzielte in manchen Gegenden Überschuss, so dass nicht nur der nahräumliche Bedarf gedeckt, sondern auch Produkte ausgeführt werden konnten. Das Paradebeispiel hierfür waren die Bamberger Gärtner. Im frühen 19. Jh. zählte man rund 400 Gärtnermeister in der Bischofsstadt. Gerühmt für ihre Arbeitsamkeit, bauten sie auf den sandigen Böden des Regnitztals diverse Gemüse und Süßholz an. Sie vertrieben Samen in ganz Deutschland und darüber hinaus, exportierten ihr Süßholz bis nach Ungarn, und mit frischem Gemüse versorgten sie Städte zwischen Meiningen, Zwickau und Regensburg.

Besonderheiten des regionalen Handwerks

Die Bamberger Gärtner verdeutlichen exemplarisch, dass die Scheidung zwischen dem bäuerlich geprägten Land und der vom Handwerk bestimmten Stadt, wie wir sie auch in historischen Quellen finden, mehr Idee denn Wirklichkeit ist. Tatsächlich hatte das Handwerk in den kleinen Städten, die, in Grenzlage gegründet, kaum Umland als potentiellen Absatzmarkt besaßen, einen schweren Stand. Umgekehrt konnte sich in nicht wenigen Dörfern, zumal in ritterschaftlichen Orten, ein differenziertes Handwerk ansiedeln. Besonders qualifizierte Handwerker oder Künstler etablierten sich insonderheit dort, wo durch einen Hof der nötige Absatz gewährleistet war – also in Bamberg und Bayreuth sowie mit Abstrichen in Coburg. Aber selbst in einer Landstadt Staffelstein konnten sich im 18. Jh. Schreiner, Bildhauer, Stukkatoren, Uhrmacher, Maurer und Zimmerleute halten, weil mit den beiden Klöstern Banz und Langheim potente Kunden in der Nähe waren. Die Kunstmaler, Goldschmiede und Bildhauer in Burgkunstadt verdankten ihren Lebensunterhalt nicht zuletzt den zahlreichen Rittersitzen ringsum.

Auf die Ausfuhr waren vornehmlich Textilproduzenten gerichtet. Die Wollweberei begann im 16. Jh. in Staffelstein zu florieren. Noch um 1800 heißt es über die dortigen Tuchmacher, sie trieben *einen beträchtlichen Handel in die Schweiz*. Ähnlich verhielt es sich mit dem nahegelegenen Städtchen Weismain. In mehreren Städten des Markgraftums Kulmbach, zumal in Hof, Münchberg und Kulmbach, blühte im 16. Jh. die Schleier- oder Stauchenweberei, bei der Baumwolle verarbeitet wurde.

Als die Produktion nach der Mitte des 18. Jhs. dramatisch zurückging, ließ der Hofer Kaufmann Georg Christoph Rost *Tüchlein* für modische Schürzen, Hals- und Taschentücher herstellen; letztere waren aufgrund des sich verbreitenden Tabakschnupfens gefragt. Zu den klassischen Geweben traten Kattun und Zitz, besonders dichte, bedruckte Baumwollstoffe. 1794 stellten im Markgraftum Bayreuth fast 9000 Menschen auf rund 1600 Webstühlen Textilien aus Baumwolle her, mehr als zwei Drittel für den Export bestimmt. Absatzmärkte waren neben deutschen Fürstentümern Schweden, die Niederlande, Frankreich, die Schweiz, Italien, die Levante – aus der man die Baumwolle bezog – und Russland.

Das Patchworkeinkommen in der frühneuzeitlichen Stadt

Da das Handwerk in vielen Orten nicht den sprichwörtlichen goldenen Boden besaß, hatten die Menschen nicht nur eine Erwerbsquelle: Neben dem erlernten Handwerk trieben viele noch Landwirtschaft und Handelsgeschäfte, und einen wesentlichen Nahrungszweig bildeten in den Städten das Brauen und der Ausschank von Bier. Von Ausnahmen wie Bamberg abgesehen, wo man um 1800 rund 60 Brauereien zählte, besaß in den meisten oberfränkischen Städten jeder Bürger oder zumindest jeder Einwohner der ummauerten Kernstadt das Braurecht. Der eigentliche Brauprozess ging, schon wegen der Feuergefahr, nicht in den Privatanwesen vonstatten. Vielmehr gab es ein Kommunbrauhaus, in größeren Städten auch mehrere, in denen die Bürger während der kalten Jahreszeit reihum ihr Bier bereiteten. In einer festgelegten Reihenfolge schenkten die brauenden Bürger dann in ihren Häusern aus und belieferten die Stadt und deren Umland.

Viele Städte beanspruchten dabei den Bierbann oder Bierzwang, also das exklusive Recht, die Dörfer in einem bestimmten Umkreis zu beliefern. Ob Schankwirtschaft oder private Festlichkeit – das Bier musste aus der nahen Stadt genommen werden. Doch das Prinzip war vielfach durchlöchert, weil beispielsweise Ritter ihr unstrittiges Recht, sich und ihren Schlossbezirk selbst mit Bier zu versorgen, auf das ganze Dorf oder weitere Orte ausdehnten. Zwischen dem 16. und 18. Jh. kam es immer wieder zu Bierkriegen: Die Bürgerschaft der Stadt bewaffnete sich und zog, angeführt von einem Beamten, zum frevlerischen Dorf, das es gewagt hatte, sich eine eigene Braustätte einzurichten oder Bierfässer von unerlaubter Stelle zu beziehen. Im Morgengrauen fiel die Übermacht in den Ort ein, verwüstete die Brauerei, trank heroisch das vorgefundene Bier, verschüttete, was die Fassungskraft der Mägen übertraf, und brach den kupfernen Braukessel aus der Halterung, um ihn wie eine Trophäe nach Hause zu führen.

Holzhandel und Flößerei

Grundlage für viele Handwerke, ob Zimmermann und Schreiner, Büttner oder Schuster, bildete Holz. Auch Schmiede oder Schlosser konnten ohne Holzkohle nicht arbeiten. Überdies stellte Holz das wesentliche Heizmaterial dar. Wälder waren daher ein Lebensnerv der vormodernen Wirtschaft. Größere Waldgebiete waren durchweg in fürstlicher, allenfalls noch klösterlicher Hand. Das Inland benötigte Holz als universellen Bau-, Brenn- und Werkstoff. Doch Holz war auch ein lukratives Ausfuhrgut. Über das Amt Kronach heißt es 1799: *Die Wälder sind die eigentliche Nahrungsquelle der Amtseinwohner, indem das Ackerland nicht hinreichet, die Menschenmenge zu nähren.*

Zumal aus dem westlichen Frankenwald wurden Stämme in großer Menge auf dem Wasserweg zu den Kunden längs des Mains oder am Rhein gebracht. Die Flößerei ist durch dingliche Spuren seit dem 12. Jh. nachzuweisen. Die zunehmende Holzausfuhr war wohl auch mitverantwortlich dafür, dass entlang der Rodach eine Kette von Burgen errichtet wurde, um diesen wichtigen Wasserweg zu sichern oder durch Wasserzölle abzuschöpfen.

Die Flößer brachten einige miteinander verbundene Stämme auf den Flüssen bis zum Main. In Schwürbitz, kurz hinter der Rodachmündung, wurden sie zu größeren Einheiten zusammengefasst, in Bischberg bei Bamberg dann, nachdem die wasserreiche Regnitz in den Main geflossen war, zu noch größeren Mainflößen. Flößer aus dem Frankenwald fuhren nicht selten bis Frankfurt, von wo sie sich zu Fuß auf den Heimweg machten. Auf den Flößen mitgeführt wurden Bretter und Balken, die in den vielen, meist genossenschaftlich verfassten Schneidmühlen an den Flüssen Rodach, Kronach und Haßlach gesägt worden waren, aber auch andere Waren. Schiefer aus den Brüchen im Amt Lauenstein oder aus dem nahen Lehesten (Thüringen) wurde auf Flöße geladen, allerlei Holzwaren aus dem Frankenwald, vom Tischgeschirr bis zum Spielzeug, ebenso die Erzeugnisse der zahlreichen Büttner im südlichen Coburger Land oder Körbe aus Michelau.

Flößer auf dem Main bei Reundorf, Mitte des 20. Jhs.

Das Holz aus dem bambergischen Frankenwald war freilich Teil eines großräumigen Marktes, den schon im späten 18. Jh. ein Kartell mittelrheinischer Holzhändler lenkte. Trotz zeitweiliger Erfolge, die die zahlreichen kleinen Floßhändler des Kronacher Raums immer wieder erzielten, gerieten sie doch durch die weiträumige Konkurrenz mehr und mehr unter Druck.

Die Forstwirtschaft litt zudem unter der hohen Beanspruchung der Wälder. Als 1803 ein bayerischer Oberforstmeister im kurfürstlichen Auftrag den Lichtenfelser Forst untersuchte, kam er zu einem erschütternden Ergebnis: Der Zustand sei erbärmlich; man habe zu viel gerodet, Holz zu leichtfertig abgegeben, ohne wieder aufzuforsten, und der Wildstand sei viel zu hoch. Eine rigidere Forstpolitik, die zumal die Holzlieferung an Köhler einschränkte, war im 19. Jh. die Folge.

Die Schwierigkeiten früher Fabriken

Industrielle oder zumindest protoindustrielle Unternehmungen waren am Ende des Alten Reichs eine Seltenheit im heutigen Oberfranken. Die Förderung der Bodenschätze im Frankenwald und im Fichtelgebirge war über Jahrhunderte schwankend. Der Abbau erlahmte, bis ein Markgraf oder ein Fürstbischof Fachleute aus florierenden Bergbauregionen holte. Sie brachten Neuerungen mit, doch nach dem raschen Erfolg kam nicht selten ein ebenso rascher Niedergang.

Erst recht gilt dies für die Verhüttung von Erzen, die einen hohen Holzbedarf hatte. Eisenhämmer gab es im 15. und 16. Jh. an mehreren Orten, doch nicht wenige von ihnen hatten keinen Bestand. Es ging wohl manchem Investor so wie dem Kloster Langheim, das 1651 ein Eisenerzbergwerk aufschloss und einen Hammer errichtete. Die Abtei legte ihn nach gut drei Jahrzehnten still, weil der Aufwand an Holzkohle den Gewinn verzehrte. Das ambitionierte Unternehmen, bestehend aus Schussermühle, Marmorschleife, Zain- und Drahthammer, das ein gelernter

Fichtelgebirgsgläser aus Bischofsgrün, Waldglas mit Emaillemalerei: links Adam-und-Eva-Glas, wohl Patengeschenk, 1678; rechts Darstellung des Ochsenkopfes („Fichtelberg") mit seinen Flüssen und den im Berg verborgenen, mit einer Kette verschlossenen Schätzen, Willkomm-Humpen, 1688. Zwischen den Fichten ein Rotwild- und ein Wolfspaar.

Gegend um die Rosenmüllershöhle bei Muggendorf, 1804

Müller und Bäcker 1780 bei der bambergischen Stadt Stadtsteinach gründen wollte, scheiterte an der Holzknappheit, zu der obendrein noch seine dünne Kapitaldecke kam.

Auch frühe Glashütten, wie es sie im Fichtelgebirge gab, hatten in etlichen Fällen nur so lange Bestand, bis der Holzvorrat in einer gewissen Umgebung verbraucht war. Auf Dauer konnten sich erst seit dem späten 16. Jh. Glashütten etablieren, etwa rings um den Ochsenkopf oder 1661 in Kleintettau im Amt Lauenstein. Die Glasperlen aus dem Fichtelgebirge wurden im späten

Die Fränkische Schweiz

Diese Region besitzt eine lange touristische Tradition. Ihren Namen erhielt die Frankenalb zwischen Forchheim und Bayreuth im frühen 19. Jh. Lange galt der Raum als unwirtliches und damit unschönes Gebiet. Doch der Blick der Reisenden wandelte sich: Die Erlanger Studenten Ludwig Tieck (1773–1853) und Wilhelm Heinrich Wackenroder (1773–1798), beide Berliner, sahen 1793 *eine Gegend, die zu tausend Schwärmereien einladet, etwas düster melancholisch und dabei doch so überaus freundlich.* Im selben Jahr sprach Alexander von Humboldt von *einer göttlichen Gegend* rund um Streitberg. Der Blick aus den Tälern von Wiesent, Ailsbach oder Püttlach auf markante Felsformationen, gekrönt durch Burgen und Burgruinen, faszinierte in der Romantik.
Schon Jahrzehnte früher hatten die Karsthöhlen und die darin gefundenen Knochen urzeitlicher Tiere Forscher angezogen. Einige Höhlen mit pittoresken Tropfsteinen wurden später als Besucherhöhlen ausgebaut, so 1905/06 die Binghöhle in Streitberg, benannt nach einem Nürnberger Spielzeugindustriellen.
Die forellenreichen Flüsschen lockten Fliegenfischer bis aus England herbei. Zusätzliche Attraktionen entstanden ab 1839 in Gestalt mehrerer Molkekuranstalten. Orte auf der Albhochfläche empfahlen sich als Luftkurorte.
Der Bahnbau erleichterte den Weg in die Sommerfrische und eröffnete einen zusätzlichen Kundenkreis: Tagesgäste aus den größeren Städten. 1891 wurde die Stichbahn von Forchheim nach Ebermannstadt in Betrieb genommen, und nach dem Ersten Weltkrieg wurde sie in zwei Schritten verlängert, zuletzt bis Behringersmühle.

18. Jh. bis nach Ostafrika ausgeführt. Flaschen und Trinkgläser, Barometer und Thermometer aus dem Frankenwald wurden bis nach Halle, Breslau und Norddeutschland verkauft.

Für Fabriken im eigentlichen Sinn finden wir bis zum Ende des Alten Reichs nur spärliche Ansätze. Dabei entstanden sie nicht in Städten, sondern auf dem Land. Die frühe Industrie gedieh, zugespitzt gesprochen, nicht in der Wohlhabenheit von Residenz- oder Handelsstädten, sondern da, wo Not erfinderisch machte. Frühe chemische Fabriken, etwa Produzenten von Berliner Blau, entstanden 1772 in Grub am Forst im Coburger Land und 1773 im Gutshof Streit bei Frankenhaag, westlich von Bayreuth. Von der Gruber Blaufarbenfabrik heißt es nach gut einem Jahrzehnt, ihr Erzeugnis werde *Centners weise, weit hinweg, nach Franckreich, Italien, Spanien und auch so gar nach China versendet*. In der damals böhmischen Kleinstadt Marktredwitz gründete der Apotheker Wolfgang Caspar Fikentscher (1770–1837) im späten 18. Jh. seine chemische Fabrik, die vor allem als Zulieferer für die Glasindustrie Bedeutung erlangte; Goethe besuchte sie 1822.

Die beiden ersten Porzellanfabriken im heutigen Oberfranken entstanden in ritterschaftlichen Dörfern: 1782 in Schney (Grafen von Brockdorff) und 1790 in Reichsmannsdorf im Steigerwald (Freiherren von Schrottenberg). 1794 folgte eine weitere private Gründung im preußischen Tettau, eng betreut durch Alexander von Humboldt, dem es gelang, zwischen forstlichen Interessen und den Bedürfnissen des Unternehmers zu vermitteln. In allen drei Fällen kamen die Fachleute überwiegend aus Thüringen, wo um 1760 die Porzellanherstellung „nacherfunden" worden war.

Hochschulen und kulturelles Leben bis ins 19. Jahrhundert

Das heutige Oberfranken war lange ohne Hochschule. Seit dem 14. Jh. entstanden im deutschsprachigen Raum Universitäten, im östlichen Franken aber erst im 17. und 18. Jh. Wenn ein Mann aus diesem Raum studieren wollte, zog er im ausgehenden Mittelalter nach Leipzig, Erfurt oder Ingolstadt. Im 16. Jh. erfreute sich Wittenberg (gegründet 1502), später auch Jena (ab 1558) großer Beliebtheit. Erst 1582 gründete Fürstbischof Julius Echter von Mespelbrunn eine Universität in Würzburg.

In dieser Zeit des Späthumanismus rief auch der Bamberger Bischof eine Hohe Schule ins Leben. Es war keine Universität, für die er eine kaiserliche oder eine päpstliche Genehmigung benötigt hätte. Das *Collegium Ernestinum*, wie es nach seinem Gründer, dem Bischof Ernst von Mengersdorf (reg. 1583–1591), hieß, war ab 1586 Ausbildungsstätte für angehende Geistliche wie für Laien. Man konnte dort allerdings nur Philosophie und Theologie studieren. Akademische Grade durfte das Collegium nicht verleihen.

Dies änderte sich, als 1647, am Ende des Dreißigjährigen Kriegs, in Bamberg eine „Akademie" eröffnet wurde. Es handelte sich um eine Rumpf-Universität: Zwar konnte man jetzt den philosophischen Magistergrad und die theologische Doktorwürde in Bamberg erlangen, doch fehlten der *Academia Ottoniana* – benannt nach dem Gründer, dem Bamberger Fürstbischof Melchior Otto Voit von Salzburg (reg. 1642–1653) – zwei Fakultäten. Sie kamen erst viel später hinzu: 1735 die juristische, ab 1769 die medizinische. Zumal die Medizin an der Universität Bamberg, wie sie nun hieß, besaß dank Professoren wie Ignaz Döllinger (1770–1841) und Andreas Röschlaub (1768–1835) einen guten, weit ausstrahlenden Ruf.

Allgemeines Krankenhaus in Bamberg (rechts im Bild) unterhalb der barocken Klosteranlage von St. Michael, frühes 19. Jh.

Das Allgemeine Krankenhaus in Bamberg

Diese Institution wurde von 1787 bis 1789 auf Geheiß von Fürstbischof Franz Ludwig von Erthal (reg. 1779–1795) errichtet. Das Konzept hatte sein Leibarzt Adalbert Friedrich Marcus (1753–1816) aus Arolsen entworfen. Das Krankenhaus stand am linken Regnitzarm, so dass Abwässer entsorgt werden konnten. Im Innern überzeugte es durch ein ausgeklügeltes hygienisches Konzept. Es gab fließendes Wasser, und jedem Krankenbett war ein eigener Abtritt zugeordnet, der ohne Kontakt mit dem Patienten zu leeren war. Die Bamberger Anstalt, vornehmlich für Gesellen und Dienstboten bestimmt, setzte Maßstäbe und wurde europaweit nachgeahmt, bis nach St. Petersburg.

Im späten 16. Jh., als die Universität Würzburg und das Ernestinum in Bamberg entstanden, ging auch Herzog Johann Casimir von Sachsen-Coburg († 1633) mit Universitätsplänen um. Doch ihm glückte lediglich die Gründung eines nach ihm benannten „Gymnasium illustre" in seiner Residenz Coburg

(1605). Im *Casimirianum*, einem Mittelding zwischen traditioneller Lateinschule und Universität, absolvierte man die wissenschaftliche Grundlagenausbildung und verkürzte oder ersparte sich dadurch den Besuch einer Artistenfakultät; auch eine beschränkte theologische Schulung war hier zu erhalten.

Ebenfalls in der zweiten Hälfte des 16. Jhs. erwog Markgraf Georg Friedrich von Brandenburg-Ansbach und -Kulmbach (reg. 1543/1557–1603), in Hof, Bayreuth oder Kulmbach eine Universität zu errichten. Doch dazu kam es nicht. So bestand lediglich seit 1546 ein Gymnasium in Hof, seit 1664 ein weiteres in Bayreuth.

Erst Markgraf Friedrich von Brandenburg-Bayreuth (reg. 1735–1763) gründete 1742 in Bayreuth die *Academia Fridericiana*, für die er im folgenden Frühjahr das kaiserliche Universitätsprivileg erhielt. Wiederholte Prügeleien zwischen Studenten und Soldaten aber bewogen den Landesherrn, die junge Universität im November 1743 aus der Residenzstadt in die Landstadt Erlangen zu verlegen, wo sie bis heute fortbesteht.

Kloster Banz im ausgehenden 18. Jahrhundert. – Zeichnung von P. Johann Baptist Roppelt

Theater Bamberg, errichtet 1808. – Aquarell um 1820

Um 1800 hatten die Fürstentümer Bamberg und Bayreuth je eine Universität, dazu mehrere Gymnasien. Die Wissenschaft wurde daneben in Klöstern gepflegt. Zumal die Benediktinerabtei Banz genoss den Ruf eines Horts der ungehinderten Forschung auf allen Wissensgebieten und eines Vororts der katholischen Aufklärung. Die Mönche gaben von 1772 bis 1798 eine gelehrte Zeitschrift heraus, in der Bücher unterschiedlicher Disziplinen rezensiert sowie Nachrichten aus Hochschulen, wissenschaftlichen Akademien und anderen Klöstern veröffentlicht wurden. Das Kloster besaß eine moderne Bibliothek und ein wohl geordnetes Naturalienkabinett, vor allem aber verfügte es über ein weit gespanntes Netzwerk: Banzer Mönche arbeiteten an einem Großprojekt zur Geschichte der Reichskirche mit, das die Erzabtei St. Blasien im Schwarzwald organisierte. Als einzige fränkische Institution lieferte Banz Daten für ein meteorologisches Forschungsvorhaben der Bayerischen Akademie der Wissenschaften. 1792 bemerkte der Erlanger Professor Friedrich Karl Gottlob Hirsching: *Man wird nicht leicht ein Kloster finden, wo die Wissenschaften in größerem Flor stehen, als hier.* Mit der Aufhe-

Städtisches Theater in Bamberg

Diese Kultureinrichtung geht auf den ehemaligen Ansbacher Minister, Bankier und Schriftsteller Julius Graf von Soden (1754–1831) zurück, der im Oktober 1802 eine stehende Bühne ins Leben rief. Ein neues Theatergebäude entstand 1808. Im selben Jahr wurde der preußische Schriftsteller E. T. A. Hoffmann (1776–1822) als Kapellmeister berufen, wirkte aber in seinen fünf Bamberger Jahren auch als Dramaturg und Kulissenmaler. Nach ihm wurde das Theater 1970 benannt, als es in städtische Trägerschaft überging. Von 1999 bis 2003 wurde es umfassend saniert und erweitert.

bung der Abtei verschwand dadurch nicht nur eine geistliche Einrichtung, sondern auch eine Stätte wissenschaftlichen Arbeitens.

Bayern erweiterte sein Staatsgebiet 1802 nach Franken und Schwaben. Dadurch hatte das Kurfürstentum, das bis dahin nur eine Landesuniversität besaß (1472 in Ingolstadt gegründet, 1800 nach Landshut und 1826 nach München verlegt), mit einem Mal mehrere Hochschulen. Dies schien den Staatslenkern nicht erforderlich. Eine Universität sollte für die neubayerischen Gebiete genügen, und zwar die in Würzburg. So wurde 1803 die Universität Bamberg aufgelöst; lediglich ein Lyzeum bestand fort. Dies war eine Hochschule, an der man Philosophie und Theologie studieren, aber keinen akademischen Grad erwerben konnte. Sie diente primär der Priesterausbildung. Ferner rief der Direktor des Allgemeinen Krankenhauses, Adalbert Friedrich Marcus, die *medizinisch-chirurgische Schule* ins Leben, um „halbakademische" Wund- und Landärzte auszubilden, und hielt damit mehrere Medizinprofessoren vor Ort. Marcus' Kritiker spotteten, er wolle *Universitäteles spielen.*

An der Wende zum 20. Jh. gab es in Oberfranken als Hochschule lediglich das Bamberger Lyzeum. Nur vier Gymnasien (zwei in Bamberg, je eines in Bayreuth und Hof) bereiteten auf ein Studium vor. Volksschullehrer wurden, wie 1866 bestimmt, an Seminaren ausgebildet, die in Bamberg und Bayreuth eingerichtet waren.

Obermainkreis und Oberfranken im Königreich Bayern

Wittelsbacher in der Region

Eine Verbindung zwischen den neubayerischen Gebieten und dem Herrscherhaus schuf für den Mainkreis (ab 1817: Obermainkreis) die Person des Herzogs Wilhelm in Bayern (1752–1837), der in Bamberg residierte. Seine Frau Maria Anna (1753–1824), ebenfalls Wittelsbacherin aus der Linie Zweibrücken, war die Schwester des bayerischen Königs Maximilian I. Joseph. Einer unbedeutenden pfälzischen Nebenlinie der Wittelsbacher entstammend, hatte Wilhelm ab 1780 in Landshut gelebt. Seit 1799 trug er den Titel *Herzog in Bayern*. Als Apanage erhielt er 1803 ein bayerisches Nebenland, das Herzogtum Berg mit der Hauptstadt Düsseldorf.

Als der König dieses Land 1806 im Tausch gegen Ansbach an Napoleon abtrat, wurde Wilhelm die einst fürstbischöfliche Residenz Bamberg als repräsentativer Wohnsitz zugewiesen. Damit band der König die neubayerischen Gebiete über seinen Schwager enger ans Herrscherhaus; andererseits war Wilhelm, der der radikal aufklärerischen Politik des Ministers Maximilian von Montgelas kritisch gegenüberstand, aus München und damit von den Staatsgeschäften ferngehalten. Zusätzlich kaufte er 1813/14 aus Staatshand das aufgehobene Kloster Banz als privaten Sommersitz. Es blieb bis 1933 im Eigentum seiner Familie. Wilhelms Enkel und Erbe, Herzog Maximilian in Bayern (1808–1888), und dessen Nachkommen besuchten ihr *Schloss Banz* jedoch nur sporadisch.

Die Bamberger Residenz diente noch ein weiteres Mal höfischem Leben, als hier ab 1862 der griechische König Otto (1815–1867), ein Bruder des Königs Maximilian II. von Bayern, und seine Gemahlin ihr Exil verbrachten, gemeinsam mit ihrem griechischen Gefolge.

Herzog Wilhelm in Bayern (rechts) mit Begleitung vor seinem Schloss Banz.
– Lithographie von Franz Sebastian Scharnagel (1791–1837), um 1815/20

Die Eingliederung des östlichen Franken in den bayerischen Einheitsstaat

Die von Montgelas gelenkte Politik formte aus Bayern einen Einheitsstaat. Regionale Besonderheiten wurden ausgelöscht, die staatliche Organisation wurde landesweit vereinheitlicht. Für Verwaltung und Rechtsprechung auf unterer Ebene waren seit 1804 Landgerichte zuständig. Die Provinz Bamberg zählte 20 von ihnen, während das untergegangene Hochstift aus 54 Vogteiämtern bestanden hatte. Die Sprengel wurden also größer, aber auch gleichmäßiger. Etliche Orte büßten ihre Zentralität ein.

1808 wurde das ganze Königreich Bayern in Kreise gegliedert. Aus der Provinz Bamberg wurde der Mainkreis. Als 1810 das Fürstentum Bayreuth zu Bayern kam, schlug der König das Oberland mit den Hauptorten Bayreuth, Hof, Wunsiedel und

Kulmbach dem Mainkreis zu. Zugleich wurde der Naabkreis mit der Hauptstadt Amberg, im Wesentlichen die historische Oberpfalz, aufgelöst und dessen nördliche Landgerichte Eschenbach, Kemnath, Neustadt a. d. Waldnaab, Tirschenreuth und Waldsassen ebenfalls dem Mainkreis zugewiesen. Der neue Zuschnitt des Kreises erklärt die Verlegung der Hauptstadt: Bayreuth lag zentral, anders als Bamberg.

Nachdem das Großherzogtum Würzburg 1814 untergegangen und als Untermainkreis wieder Bayern eingegliedert war, erhielt der Mainkreis 1817 zur besseren Unterscheidbarkeit die Bezeichnung *Obermainkreis*. Bei der Neustrukturierung der Kreise 1837 gingen die ehemals oberpfälzischen Landgerichte verloren, neu zu Oberfranken kam das einst bambergische Herzogenaurach (vorher beim Rezatkreis).

Als 1810 das Generalkreiskommissariat nach Bayreuth übersiedelte, blieb in Bamberg vorerst die Finanzdirektion zurück, bis sie 1817 der Kreisregierung eingegliedert und damit ebenfalls nach Bayreuth überführt wurde. Auf Dauer behielt Bamberg lediglich das oberste Gericht für die Region. 1803 waren dort das Hofgericht für die Provinz Bamberg und die Oberste Justizstelle für das gesamte bayerische Franken eingerichtet worden. Mit Jahresbeginn 1809 wurde aus dem Hofgericht das Appellationsgericht für den Mainkreis, aus dem das heutige Oberlandesgericht Bamberg hervorgegangen ist. Gleichzeitig wurde die Oberste Justizstelle zugunsten des Oberappellationsgerichts mit Sitz in München aufgelöst.

Neue Strukturen für die Glaubensgemeinschaften

Neu gegliedert wie der Staat wurden die Kirchen. Der Bamberger Fürstbischof Christoph Franz von Buseck starb 1805; ihm folgte sein Neffe und 1800 gewählter Koadjutor, der Würzburger Bischof Georg Karl von Fechenbach, nach. Nach dessen Tod 1808 verwaiste der Bischofsstuhl für geraume Zeit. Für ein Jahrzehnt leitete nun eine kirchliche Behörde, das Generalvikariat, das unter starkem staatlichen Einfluss stand, die Diözese.

Es war zu klären, wer den Bischof bestimmen sollte, denn das Domkapitel, das ihn seit dem 12. Jh. gewählt hatte, war aufgehoben. Es brauchte ein Konkordat zwischen Bayern und dem Heiligen Stuhl, das aber wegen unvereinbarer Positionen lange nicht zustande kam. Erst nach Montgelas' Sturz 1817 fanden beide Seiten rasch zu einer Einigung. Nicht eine bayerische Staatskirche entstand, sondern zwei Kirchenprovinzen. Dabei wurde Bamberg zu einem der beiden erzbischöflichen Sitze im Land bestimmt. Zum ersten Erzbischof ernannte der König 1818 den betagten Joseph Graf von Stubenberg (1740–1824), den Oberhirten von Eichstätt (seit 1791) und damals einzigen Diözesanbischof in Bayern. Er blieb in Eichstätt wohnen und besuchte Bamberg bis zu seinem Tod nie.

Der Sprengel der Diözese Bamberg wurde provisorisch verändert, als 1805 das Großherzogtum Würzburg entstanden war. Aus Sicht der damaligen Staatenlenker war es undenkbar, dass ein ausländischer Bischof – und dies war der Würzburger nunmehr – Rechte in Bayern ausübte. Daher wies Papst Pius VII. (reg. 1800–1823) Pfarreien, die kirchlich zu Würzburg gehörten, aber innerhalb der bayerischen Grenzen lagen, vorläufig Bamberg zu.

Durch die Zirkumskriptionsbulle von 1818 schrieb Rom die neuen Diözesangrenzen fest. Der Sprengel des Erzbistums erstreckt sich deshalb seither weit ins heutige Mittelfranken und umfasst sogar Orte im jetzigen Unterfranken (beispielsweise die Stadt Iphofen). Zuständig wurde Bamberg über die Landesgrenzen hinweg für das Coburger Land, seit dort 1806 eine katholische Gemeinde entstand, obwohl dieser Raum vor der Reformation Teil der Diözese Würzburg gewesen war. Das oberfränkische Fichtelgebirge ist jedoch, wie im Mittelalter, beim Bistum Regensburg geblieben. Hatte das alte Bistum Bamberg 123 Pfarreien umfasst, so zählte die neue Erzdiözese 179, dazu acht Kuratien.

Die Säkularisation hatten nur wenige Klöster überstanden, vor allem einige Niederlassungen von Bettelorden und Frauenklöster wie die Englischen Fräulein in Bamberg. Unter der Ägide König Ludwigs I. erfolgten wieder Neugründungen. Dabei begünstigte der Monarch Benediktiner, die jedoch in

Oberfranken nicht mehr Fuß fassten, und Franziskaner. Sie setzte er an den wichtigsten Wallfahrtsorten ein: neben Marienweiher, wo das Franziskanerkloster seit 1646 ohne Unterbrechung fortexistierte, in Gößweinstein, wo sie 1830 die Kapuziner ablösten, und 1839 in Vierzehnheiligen, wo sich die Diözese nach Aufhebung des Klosters Langheim mit Provisorien beholfen hatte.

Ab der zweiten Hälfte des 19. Jhs. verbreiteten sich Niederlassungen neuer geistlicher Frauengemeinschaften wie der Armen Schulschwestern, der Niederbronner Schwestern oder der Vinzentinerinnen. Sie nahmen sich des Unterrichts an Volksschulen, der Leitung von „Kleinkinderbewahranstalten" (Kindergärten) oder der stationären wie ambulanten Krankenpflege an. 1918 zählte man über 60 weibliche Ordensniederlassungen in Oberfranken.

Die christlichen Konfessionen – Katholiken, Lutheraner, Reformierte – waren in Bayern seit dem kurfürstlichen Religionsedikt vom 10. Januar 1803 gleichberechtigt, wenngleich später die katholische Kirche spürbar bevorzugt wurde. Die evangelische Kirche war traditionell Staatskirche. Wie einst die evangelischen Fürsten, so war nun der bayerische König, obwohl katholisch, ihr Haupt. Er übte sein Kirchenregiment durch staatliche Behörden aus, die dem Innenministerium, später dem Staatsministerium des Innern für Kirchen- und Schulangelegenheiten (umgangssprachlich Kultusministerium) unterstanden. Oberbehörde war das Generalkonsistorium, ab 1818 Oberkonsistorium, in München, ihm nachgeordnet waren zwei Generaldekanate, ab 1818 Konsistorien. Dabei war das Konsistorium Bayreuth anfangs zuständig für den Obermain-, den Regen- und den Unterdonaukreis, später für die Kreise Oberfranken, Unterfranken und Aschaffenburg sowie Oberpfalz und Regensburg. Besetzt waren diese Gremien an der Spitze jeweils mit zwei Theologen und zwei Juristen.

Das jüdische Leben wurde durch das „Edikt die Verhältnisse der jüdischen Glaubensgenossen im Königreiche Baiern betreffend" vom 10. Juni 1813 bestimmt. Es schrieb bestehende rechtliche Benachteiligungen der Juden fort, namentlich ihre eingeschränkte Niederlassungsfreiheit; diese Vorschriften wurden erst in der zweiten Jahrhunderthälfte gelockert. Berufe standen Juden nunmehr mit wenigen Ausnahmen offen. Erklärte Absicht des Edikts war es, die Juden dem Handwerks- und Bauernstand zuzuführen, während andererseits die über Jahrhunderte typische Arbeit als Hausierer für die jüngeren Juden untersagt wurde. Rabbiner, die einst mehr rechtliche Aufgaben bekleidet hatten, wurden nun in ihrem Pflichtenprofil christlichen Geistlichen angeglichen. Von ihnen erwartete der Staat nicht nur eine traditionelle Schulung an der Jeschiwa, sondern auch ein Universitätsstudium. Mit Moses Gutmann (1805–1862) trat 1827 der erste derart akademisch gebildete Distriktsrabbiner Bayerns sein Amt in Redwitz a. d. Rodach an.

Adlige Vorrechte im Königreich Bayern

Bei der Neugestaltung des Staatswesens während der Montgelas-Ära büßte der Adel zwar seine traditionelle Steuerfreiheit ein. Ihm aber seine Vorrechte ganz zu nehmen, gelang dem Staatsministerium nicht; zu stark war der Rückhalt, den der Adel im König fand. Ende 1806 verfügte er, dass die hergebrachte Gerichtsbarkeit der Adligen über ihre Hintersassen erhalten bleiben solle, freilich unter staatlicher Aufsicht.

Nach den Bestimmungen der Verfassung von 1818 schufen mediatisierte Standesherren und einzelne, besonders betuchte niederadlige Familien Herrschaftsgerichte, die den Landgerichten gleichgestellt waren. Die Mehrzahl der Adligen konnte sich lediglich Patrimonialgerichte I. oder II. Klasse leisten, die den Landgerichten unterstellt waren. Die Strafjustiz lag weitestgehend beim Staat. Den Adelsgerichten blieb die Zivil- und die freiwillige Gerichtsbarkeit. Ferner setzten sie als Polizeibehörde Verfügungen staatlicher Gewalten durch und verhängten Bagatellstrafen, wobei das darüber geführte Verzeichnis vierteljährlich geprüft wurde. Aber die adligen Hintersassen durften nicht unmittelbar mit den staatlichen Behörden kommunizieren, sondern mussten den Weg über das Patrimonial- oder Herrschaftsgericht wählen. In den Händen vieler Adliger waren die Gerichte ein Instrument, um diejenigen, die ihnen Abgaben schuldeten, zu disziplinieren.

Oberfranken im Vormärz

An Bedeutung gewannen neue Gruppen, das Bildungsbürgertum und die wirtschaftlichen Eliten. Gerade Ludwig I. sah aus seinem ausgeprägten monarchischen Selbstbewusstsein heraus in seinen Staatsbürgern eher Untertanen. Liberale forderten, um bürgerlichen Kräften einen angemessenen Anteil an der Macht zu sichern, das Recht für die Abgeordnetenkammer, Gesetze einzubringen, ferner öffentliche Gerichtsverfahren, Gewerbe- und Pressefreiheit. Persönlichkeiten wie der einstige Bamberger Bürgermeister Franz Ludwig Hornthal (1760–1833) und sein Sohn Johann Peter (1794–1864) oder der Jurist Ignaz Rudhart (1790–1838) aus Weismain erlitten Benachteiligungen, wenn sie Begrenzungen der königlichen Selbstherrschaft verlangten.

Wer weitergehende Forderungen erhob, wurde kriminalisiert, zumal nach der Revolution von 1830. Der pensionierte Beamte und Gutsbesitzer Thomas Rüblein (1781–1846) büßte es in den 1830er Jahren mit mehrjähriger Festungshaft, dass er die Schrift *Die politische Reform Deutschlands* des aus Hof stammenden, in der Pfalz wirkenden Journalisten Johann Georg August Wirth (1798–1848) verbreitet hatte. Die Weitergabe eines antifürstlichen Spottliedes brachte einem Bamberger Porzellanmaler acht Jahre Zuchthaus ein, von denen er rund fünf absaß. An radikalen Kräften fehlte es in der Region nicht: Studenten aus Bamberg und aus Kronach beteiligten sich am Frankfurter Wachensturm vom April 1833, der das Fanal für eine allgemeine Revolution in Deutschland werden sollte.

Die Revolution von 1848/49

Im März 1848 brach unter dem Eindruck der Revolution in Frankreich ein Aufruhr in Oberfranken los, der sich auf Dörfer um Kronach und Kulmbach konzentrierte und vor allem gegen die Reste adliger Herrschaft, die Patrimonialgerichte, richtete, aber auch gegen Juden. Das Jagdrecht, meist in adliger Hand, hatten Bauern lange als belastend empfunden. Jetzt zogen sie mit allerhand Schusswaffen in den Wald und erlegten, was sie nur trafen. Der Hirsch wurde damals in Teilen Oberfrankens für immer ausgerottet.

Wichtiger als diese Unruhen waren die politischen Kundgebungen im März 1848. In Bamberg, aber auch in Staffelstein wurden Resolutionen verabschiedet, die auf eine radikale Umgestaltung der politischen Verfassung in Bayern und im Deutschen Bund abzielten. Gerade Bamberg wurde in der Folge zu einem Zentrum der demokratischen Bewegung; nicht wenige erstrebten, ohne dies anfangs offen zu äußern, sogar eine Republik. Mit dem Advokaten Nikolaus Titus (1808–1874) entsandte Bamberg einen Linken in die Frankfurter Nationalversammlung, und auch bei den Landtagswahlen im November 1848 kürte gerade der katholische Westen Oberfrankens entschiedene Demokraten in die Kammer der Abgeordneten.

Nach der Abdankung Ludwigs I. gab sein Sohn und Nachfolger, König Maximilian II. (reg. 1848–1864), im Juni 1848 einigen liberalen Forderungen nach; so novellierte er das Wahlrecht, beseitigte grundherrliche Abgaben, hob die adligen Gerichte auf, änderte das Jagdrecht und gewährte Pressefreiheit. Doch gelang es ihm nicht, die demokratische Bewegung zu unterdrücken. Besonders in Bamberg erschienen dank der neuen Möglichkeiten mehrere Zeitungen, die auf ganz unterschiedlichem Niveau für solche Ideen eintraten. Volksvereine brachten in den Städten, aber sogar in Dörfern demokratisches Gedankengut unter die Menschen. Zumal als die Nationalversammlung erst die Grundrechte des deutschen Volkes, dann die gesamte Verfassung verabschiedet hatte und Bayern sich sperrte, sie zu ratifizieren, schlug die große Stunde der Volksvereine. In großen Kampagnen warben sie im Frühling 1849 für die Annahme der Verfassung und für die Schwächung der fürstlichen Gewalt zugunsten einer deutschen Zentralmacht.

In Bayreuth erhoben sich zwar auch einzelne Stimmen in diese Richtung, aber die Haltung der Mehrheit war dort gemäßigt liberal. Die vergleichsweise königstreue Kreishauptstadt erhielt den Lohn dafür, indem das Schwurgericht für Oberfranken – ein 1848 im Rahmen der Reformgesetzgebung geschaffenes, für Schwerverbrechen zuständiges Gericht, bei dem Geschworene über Schuld oder Unschuld entschieden – nicht etwa am Ort des Appellationsgerichts angesiedelt wurde, sondern in Bayreuth.

Um die Jahresmitte 1849 unterdrückte der bayerische König die republikanischen Kräfte. Ihre Wortführer wurden verhaftet, wenn sie nicht, wie Titus, außer Landes flohen und, falls überhaupt, erst nach Jahren zurückkehrten. Der Bamberger Arzt Heinrich Heinkelmann (1807–1866), ein glühender Volksredner, stand in Augsburg vor dem Schwurgericht unter der Anklage des Hochverrats, wurde aber freigesprochen. Er war noch im Mai 1849 vor Versammlungen von mehreren tausend Menschen aufgetreten, wobei er ungescheut die Regierung und selbst den abgedankten König Ludwig attackierte. Dieser habe das Geld des Staates für *Steinhaufen* wie die Walhalla und für seine Wollust vergeudet, *aber die Straßen- und Wasserbauten sind liegen geblieben*.

Neue Verkehrswege

Heinkelmanns Vorwurf war freilich nicht gerechtfertigt, denn gerade Ludwig I. hatte, bei aller Rückwärtsgewandtheit in gesellschaftlichen Fragen, durchaus die Infrastruktur seines Landes von Grund auf modernisiert. So verwirklichte der Staat die lange erstrebte Verbindung von Donau und Main. Nachdem 1836 die Bauarbeiten südöstlich von Bamberg begonnen hatten, fuhr am 6. Mai 1843 das erste Schiff, beladen mit Kohle, von Bamberg nach Nürnberg; die gesamte Strecke von Kelheim nach Bamberg (172 km, 100 Schleusen) wurde 1846 eröffnet. Der Planer des Ludwig-Donau-Main-Kanals, Heinrich Freiherr von Pechmann (1774–1861), legte dar, weshalb die Wasserstraße nach Bamberg und nicht direkt zum Main geführt worden sei: *ich glaubte [...] die Stadt Bamberg nicht umgehen zu dürfen, die seit Jahrhunderten die Wohlthat der*

Schleuse Nr. 93 des Ludwig-Donau-Main-Kanals bei Forchheim, 1845

Schifffarth auf dem Maine genießt, mit dem sie durch die Regnitz in naher Verbindung ist, und weshalb sie auch […] die Vortheile eines Flußhafens und eines Krahnes genießt, die durch die Führung des Kanales bis in den Main größtentheils verödet liegen geblieben wären.

Doch war der Kanal bereits bei seiner Vollendung ins Abseits gedrängt durch das neue Verkehrsmittel Eisenbahn. Im August 1844 wurde die Linie Nürnberg–Bamberg als erstes Teilstück der von Lindau zur bayerisch-sächsischen Grenze bei Hof führenden Ludwigs-Süd-Nord-Bahn eröffnet, der ersten Staatsbahn auf dem europäischen Festland. 1846 war Lichtenfels, 1848 Kulmbach, noch im selben Jahr Hof erreicht. Aufwendig gestalteten die Architekten Gottfried Neureuther, Eduard Rüber und Friedrich Bürklein die Bahnhöfe, die, anders als die standardisierten Kanalwärterhäuser, individuelle Planungen waren.

Die Trasse in Oberfranken, im Vorfeld kontrovers diskutiert, verlief durchs Regnitz-, dann durchs Maintal. Zwischen

Schiefe Ebene zwischen Neuenmarkt und Marktschorgast. – Lithografie von Georg Könitzer, um 1850

Neuenmarkt und Marktschorgast bewältigte sie den Aufstieg vom Niveau des Weißen Mains auf die Höhe des Frankenwalds mittels einer Rampe. Die Schiefe Ebene, bis heute befahren, ist ein bedeutendes Technikdenkmal.

Das Bahnnetz wuchs zügig. Schon in den 1840er Jahren stand fest, dass von Bamberg aus eine weitere Staatsbahn über Würzburg nach Aschaffenburg gebaut werden solle. Allerdings war die Ludwigs-Westbahn erst 1854 fertiggestellt. Von Lichtenfels zweigte die Werrabahn nach Eisenach ab, 1859 eröffnet, ursprünglich eine Privatbahn, ab 1895 eine preußische Staatsbahn, die das Coburger Land und weitere thüringische Fürstentümer erschloss. Eine Schienenverbindung von Hof nach Eger und damit nach Böhmen wurde 1863 zwischen Bayern und Österreich vereinbart und 1865 in Betrieb genommen.

Den Fernbahnen folgten ab 1877 der Bau zahlloser Nebenlinien, Entlastungsstrecken und Stichbahnen sowie der mehrspurige Ausbau bestehender Trassen. Auch die Mittelgebirge wurden durch Bahnlinien in ihren Tälern immer besser erschlossen. Es entstanden Knotenpunkte von erheblicher Bedeutung, 1859 schon Lichtenfels, 1878/79 dann Marktredwitz. Die herausragende Rolle in Oberfranken kam der alten

Handelsstadt Hof zu, die im Schienennetz als Personenbahnhof und noch mehr als Güterumschlagplatz herausstach. Auch Bamberg, von dem in drei Richtungen Hauptlinien und fünf Stichbahnen ausgingen, erlangte einen gewissen Rang, wenngleich es dort nicht gelang, Wasserweg und Schienenstrang gut zu verzahnen. Erst der neue, 1912 eröffnete Prinz-Ludwig-Hafen war wenigstens durch ein Industriegleis an das Bahnnetz angeschlossen.

Oberfrankens Bedeutung in Staatsregierung und Landtag

Die bayerische Staatsregierung, von Monarchen eingesetzt und nicht vom Parlament abhängig, war durch gemäßigt liberale Minister geprägt, während die ihr kritisch gegenüberstehende katholische Milieupartei (Bayerische Patriotenpartei, ab 1881 Zentrum) seit 1869 die absolute Mehrheit im Landtag stellte. Unter den Ministern fanden sich in dieser Phase überwiegend Persönlichkeiten aus Franken. Das Innenministerium war von 1871 bis 1912 in der Hand gebürtiger Oberfranken (Sigmund v. Pfeufer, Maximilian v. Feilitzsch, Friedrich v. Brettreich), und auch andere Ministerstühle sowie weitere wichtige Positionen besetzten Oberfranken.

Die Wahlentscheidung hing stark vom Milieu ab. Protestanten, Juden und kirchenkritische Katholiken wählten die Liberalen, kirchentreue Katholiken das Zentrum. Dass 1907 der katholische Frankenwald-Pfarrer Johannes Grandinger (1869–1941) für die Liberalen kandidierte, stellte für seine Kirche einen Skandal dar.

Oberfranken als gemischt-konfessioneller Raum bot sich als Wirkungsfeld für die Wahlkreisarithmetik der Staatsregierung an. Von 1869 an bis zum Ende des Jahrhunderts wurden die Wahlkreise, von denen jeder bis zu sechs Abgeordnete in den Landtag entsandte, so zugeschnitten, dass knappe Mehrheiten für die liberale Seite herauskamen; dies ergab bisweilen sehr abenteuerlich geformte Gebilde. Dennoch blieb die Mehrheit des politischen Katholizismus dank der in den einheitlich katholisch geprägten Landesteilen erzielten Parlamentssitze erhalten.

Ungeachtet des bis 1912 währenden Konflikts zwischen Regierung und Landtag gelang in Bayern ein stetiger Ausbau der Infrastruktur. Sichtbares Zeugnis einer prosperierenden Zeit, in der nicht bloß München leuchtete, sind wahre Gerichtspaläste, wie sie in Bamberg und Bayreuth am Beginn des 20. Jhs. entstanden, und stattliche Behördenbauten, darunter der Präsidentenflügel der Regierung von Oberfranken, dessen drei Prunkräume 1904 auf der Weltausstellung in St. Louis gezeigt wurden, bevor man sie in Bayreuth einbaute.

Sachsen-Coburg und Gotha

Nach dem Aussterben des fürstlichen Hauses Sachsen-Gotha-Altenburg 1825 erbte teils der Herzog von Sachsen-Hildburghausen, teils der Herzog von Sachsen-Coburg-Saalfeld. Daraufhin wurden ihre Länder 1826 neu zugeschnitten: Der Coburger Herzog verlor das Gebiet um Saalfeld, gewann jedoch das Fürstentum Gotha hinzu, ferner den sachsen-hildburghausischen Anteil am Coburger Land.

Coburg und Gotha galten als eigenständige Herzogtümer, die zunächst lediglich durch Personalunion verbunden waren. Wenn auch eine echte Verschmelzung der beiden räumlich getrennten Staaten misslang, so gab es doch ein gemeinsames Staatsministerium – allerdings mit zwei Abteilungen, einer in Coburg und einer in Gotha. Jedes Land hatte einen gesonderten Landtag, doch konnten beide auch vereinigt tagen. Der Herzog residierte abwechselnd in Coburg und Gotha; wenn er umzog, folgte ihm der gesamte Hof inklusive Hoftheater. Die beiden Spielstätten ähnelten einander.

Schon vor der Reichsgründung spielten preußische Behörden eine wichtige Rolle im kleinen Doppelherzogtum. Das Coburger Militär war seit 1867 preußisch, die das Land erschließende Werrabahn unterstand seit 1895 der preußischen Eisenbahndirektion Erfurt, und die Flurbereinigungen im Coburger Land führte bis zum Ersten Weltkrieg eine preußische Behörde durch.

Besonderen Glanz erhielt Sachsen-Coburg und Gotha durch sein Fürstenhaus und dessen europäische Heiratspolitik. Sie gründete nicht zuletzt im Feldherrnruhm des kaiserlichen Generalfeldmarschalls Prinz Friedrich Josias von Sachsen-Coburg-Saalfeld (1737–1815) und seinen weitgespannten Beziehungen. Seine Großnichte Juliane (1781–1860) heiratete 1796 einen russischen Zarensohn. Ihr Bruder, Prinz Leopold von Sachsen-Coburg-Saalfeld (1790–1865), nahm 1816 die britische Thronerbin Charlotte Auguste zur Frau, die jedoch schon

1817 nach einer Totgeburt starb. Daraufhin arrangierte Leopold 1818 die Ehe seiner Schwester Victoria (1786–1861), verwitwete Fürstin Leiningen, mit einem der nächsten britischen Thronanwärter, Edward Augustus Duke of Kent (1767–1820). Aus dieser Ehe ging die nachmalige britische Königin Victoria (1819–1901) hervor. Mütterlicherseits eine Coburgerin, heiratete sie 1840 ihren Cousin, den Coburger Herzogssohn Albert (1819–1861).

1830 wählte der Nationalkongress des unabhängig gewordenen Belgien Leopold zum König der Belgier. Sein Neffe, Ferdinand von Sachsen-Coburg-Gotha-Koháry (1816–1885), wurde 1837 König von Portugal, dessen Neffe Ferdinand (1861–1948) wiederum wurde 1887 Fürst, später Zar von Bulgarien. Er verbrachte ab 1918 sein Exil in Coburg. Der in Coburg und Gotha regierende Herzog hatte demnach weitgespannte, hier nur angedeutete Verbindungen.

Herzog Ernst I. (reg. 1806–1844) ist vornehmlich durch Bauten in Erinnerung geblieben. Sein Coburger Stadtschloss, die Ehrenburg, ließ er durch den jungen Karl Friedrich Schinkel (1781–1841) aus Berlin im Stil einer englisch beeinflussten Neugotik umgestalten. Nahe dem Schloss errichtete Ernst 1837–1840 sein Hoftheater, finanziert nicht zuletzt durch den Fonds des abgebrochenen Waisenhauses – bezeichnend für das autokratische Agieren dieses Fürsten.

Sein Sohn, Ernst II. (reg. 1844–1893), saß beinahe ein halbes Jahrhundert auf dem Coburger Herzogsthron. Ihm gelang es 1852 beinahe, das im Entstehen begriffene Germanische Nationalmuseum auf die Veste Coburg zu holen. Als der bayerische König dann doch die Entscheidung für Nürnberg erwirkte, baute der Herzog seine bestehenden Sammlungen energisch aus und machte Coburg zu einem Standort eines wichtigen kultur- und kunsthistorischen Museums sowie einer namhaften naturkundlichen Sammlung. Diese wurde durch Zuwendungen verschiedener Mitglieder des Herzogshauses gemehrt.

Nach der Revolution von 1848/49 waren in den deutschen Staaten für geraume Zeit Vereine, ganz besonders Turnerbünde, verpönt. Sie galten als Hort der Bestrebungen, die auf

Die Ehrenburg in Coburg nach der Umgestaltung durch Karl Friedrich Schinkel. – Lithografie, um 1820/40

eine nationale Einheit und damit auf eine Schwächung der Fürsten gerichtet waren. Ernst II. hingegen ermöglichte es, dass 1860 in Coburg das erste Deutsche Turnfest stattfand. Der Deutsche Sängerbund trat 1862 in Coburg ins Leben.

Als Ernst II. 1893 starb, hinterließ er keinen ehelichen Erben. Sein ältester Neffe war der britische Thronfolger, der als Nachfolger nicht in Frage kam. So trat der zweite Sohn des verstorbenen Prinzgemahls Albert die Herrschaft in Coburg an: Alfred Duke of Edinburgh (reg. 1893–1900). Nun übersiedelte der begeisterte Marineoffizier mit seiner Familie – seine Frau Maria Alexandrowna (1853–1920) war die Schwester des russischen Zaren – ins beschauliche Coburg.

Da sein einziger Sohn 1899 starb, war erneut die Nachfolgefrage offen. Der dritte Sohn von Victoria und Albert lehnte ab, weshalb die Entscheidung des fürstlichen Hauses auf den erst 15-jährigen Charles Edward Duke of Albany (1884–1954), einen Enkel der Queen, fiel. Dass ein Mitglied des britischen Königshauses deutscher Bundesfürst werden solle, erregte – mehr noch als 1893 – die völkischen Kräfte in Deutschland. Wie vom Reichstag gefordert, übernahm Kaiser Wilhelm II.

Einweihung des Denkmals für Prinzgemahl Albert auf dem Marktplatz Coburg in Gegenwart seiner Witwe, Königin Victoria, 1865

(reg. 1888–1918) die Bildung seines Cousins *in echt nationalem Sinn*. Als Carl Eduard 1905, volljährig geworden, die Regierungsgeschäfte in Coburg und Gotha antrat, war er zum flammenden Nationalisten geworden. Er geriet auch mit seiner traditionell liberalen evangelischen Landeskirche aneinander, der er 1908 einen konservativen Marinepfarrer als obersten Geistlichen zumuten wollte.

Die Industrialisierung

Zur Mitte des 19. Jhs. hin erlebten traditionelle Branchen in Oberfranken einen Niedergang. Die handwerkliche Woll- und Leinenweberei unterlag den neuen Textilfabriken; der Bergbau verlor seine Bedeutung, die Eisenverhüttung verschwand nach und nach. Bedeutende Hämmer wurden stillgelegt. Ein neuerlicher Eisenbergbau-Boom im dritten Viertel des 19. Jhs., als zahllose Gruben im Bereich der Frankenalb angelegt wurden, blieb ein Strohfeuer. Lediglich in Pegnitz hielt sich der Bergbau auf Eisenerz in nennenswertem Umfang bis 1967; in Stockheim bei Kronach wurde der Steinkohleabbau 1968 stillgelegt.

In der zweiten Hälfte des 19. Jhs. aber setzte in mehreren Teilen Oberfrankens eine dynamische Entwicklung ein, die es binnen weniger Jahrzehnte zu einer hochindustrialisierten Region machte. Im Unterschied zu anderen industriegeprägten Gebieten war Oberfranken nicht durch eine Branche geprägt, sondern durch einen Branchenmix. Ferner war dem Regierungsbezirk ein Gegensatz zu eigen zwischen stark industrialisierten Räumen einerseits und Gebieten mit ländlich-bäuerlichen Strukturen andererseits. Letztere besaß beispielsweise bis weit ins 20. Jh. zu großen Teilen das Bamberger Land.

Die Textilindustrie

Eine staatliche Statistik aus dem Jahr 1903 zeigt die hohe Durchdringung Oberfrankens mit Industrieunternehmen: Man zählte über 1100 Betriebe mit fast 50.000 Beschäftigten (bei rund 630.000 Einwohnern). Fast 16.000 Menschen waren in Spinnereien und Webereien beschäftigt, wobei beinahe die Hälfte auf die Aufbereitung und Verarbeitung importierter Baumwolle entfiel.

Die erste mechanische Baumwollspinnerei Oberfrankens gründete 1851 ein Schweinfurter in Röthenbach bei Arzberg.

1853 rief in Hof der Mitinhaber einer Weberei eine Baumwollspinnerei ins Leben, der bald weitere Unternehmen an die Seite traten. Ein Bamberger Kaufmann und ein Augsburger, der das technische Know-how mitbrachte, schlossen sich 1856 zusammen, eine Mechanische Baumwollspinnerei und -weberei zu errichten. Mit dem Bau der Fabrikationsgebäude begannen sie 1858 in Gaustadt bei Bamberg, wo bald 750, wenig später 1000 Webstühle ratterten. Diese Spinnerei beschäftigte kurz vor dem Ersten Weltkrieg fast 2000 Menschen, mehrheitlich Frauen. Nach der Fusion mit einem Erlanger Unternehmen hieß sie ab 1927 ERBA. Der Direktor der Spinnerei errichtete 1885/86 in Bamberg gemeinsam mit dortigen Investoren die *Mechanische Seilerwarenfabrik AG*, die Garne herstellte; sie hatte 1910 immerhin 575 Arbeitskräfte und war damit der größte Betrieb innerhalb der Stadtgrenzen. Weitere große Spinnereien und Webereien folgten in Bayreuth und Forchheim.

Nicht jedes Unternehmen gedieh. Die 1863 gegründete Baumwollspinnerei in Kulmbach scheiterte nach wenigen Jahren, dümpelte dann jahrzehntelang und prosperierte erst, als der Sohn eines Forchheimer Textilunternehmers sie 1899 übernahm.

Weißes Gold aus Oberfranken

Noch im Aufstieg war 1903 die Porzellanindustrie begriffen, obwohl die ältesten Fabriken bis aufs 18. Jh. zurückgingen. Die Produktion im Osten des Obermainkreises hatte erst begonnen, als sie im Westen längst florierte. Der Porzellanmaler Carl Magnus Hutschenreuther (1794–1845) aus Südthüringen, der seit 1814 in Hohenberg an der Eger wohnte, beantragte 1816 mit einem Kompagnon die Gründung einer *Porcellain-Fabrique*. Sechs Jahre zog sich das Verfahren hin, bis er 1822 die Konzession erhielt. Sein einstiger Kompagnon, ein Kaufmann, gründete 1838 einen Konkurrenzbetrieb im nahen Arzberg. 1856 schied der Sohn des Gründers, Lorenz Hutschenreuther (1817–1886), aus dem Familienbetrieb aus und rief in Selb eine eigene Fabrik ins Leben.

Fabrikzeile der Baumwoll-Spinnerei und Weberei in Hof, 1910

Zwei wesentliche Standortfaktoren waren für die Entstehung der Porzellanherstellung im Fichtelgebirge verantwortlich: die Nähe zu den Rohstoffquellen – man fand in der Nähe Kaolin, Feldspat und Quarz – und die Nachbarschaft zu einem wichtigen Absatzmarkt, nämlich den böhmischen „Weltbädern" mit ihrem ungeheuren Bedarf an Sprudelbechern und allerhand Souvenirs.

Die verkehrsmäßige Erschließung des Fichtelgebirges beschleunigte und verstärkte die Entwicklung. Längs der Eisenbahn entstanden alsbald Fabriken: 1866 Jacob Zeidler & Co. am Bahnhof Selb (Plößberg), 1879 Johann Nikol Müller in Schönwald, 1880 Zeh, Scherzer & Co. in Rehau. Das bedeutendste Unternehmen der Region schuf der aus Westfalen stammende, sieben Jahre in Detroit tätige Porzellanhändler Philipp Rosenthal (1855–1937): Er richtete 1879 in Schloss Erkersreuth bei Selb eine Porzellanmalerei ein, die er zehn Jahre darauf nach Selb verlegte und um eine Porzellanfabrik erweiterte (Produktion ab 1891). 1898 wandelte er sie in eine Aktiengesellschaft um.

Um die Jahrhundertwende waren das Fichtelgebirge und seine Ausläufer dank der genannten und weiterer Fabriken zu einem international ausstrahlenden Zentrum des Porzellans herangewachsen. Insgesamt habe sich die oberfränkische Porzellanproduktion, wie 1904 der zuständige Fabriken- und

Gewerbe-Inspektor schrieb, *in überraschender Weise zu einer namhaften Großindustrie mit 6500 Arbeitern entwickelt und weist insbesondere einen sehr lebhaften Export nach Nordamerika auf.* Das Wachstum setzte sich fort. 1912 gab es in Oberfranken 47 Porzellanfabriken mit 12.100 Arbeitsplätzen – bei weiterhin steigender Tendenz.

Weitere Industriezweige

Ein beachtliches Volumen hatte die im selben Gebiet konzentrierte Steinindustrie mit 3650 Beschäftigten im Jahr. Einem Weißenstadter Steinmetzen gelang es um 1860, den in der Nähe anstehenden Syenit zu schleifen und zu polieren. Hieraus entwickelte sich rasch ein exportorientiertes Gewerbe. Da der heimische Stein nicht ausreichte, wurde Material eingeführt, bis aus Schweden. Besonders die schwarzen Grabsteine wurden zum internationalen Erfolg. Aber auch konventionell zugehauener Granit aus dem Fichtelgebirge war weithin gefragt und wurde auf vielen Großbaustellen eingesetzt.

Brauereien und Mälzereien hatten im Jahr 1903 rund 2000 Personen auf der Lohnliste. Den Hauptsitz dieses Gewerbes bildete Kulmbach, das im ausgehenden 19. Jh. rund 670.000 Hektoliter pro Jahr ausführte – und das damit zwar hinter München mit 1 Mio. Hektoliter lag, aber weit vor allen anderen Städten Bayerns. Seit den 1830er Jahren, verstärkt aber seit der Bahnanbindung nach Sachsen 1848 setzten die Kulmbacher Brauereien ihr Produkt in immer weiterem Umkreis ab. Das Volumen wuchs, nachdem ab 1872 kapitalstarke Aktiengesellschaften Brauereien betrieben. Aber auch in vielen anderen Städten entstanden im späten 19. Jh. Exportbierbrauereien, die das weithin gefragte „bayerische Bier" über die Landesgrenzen hinaus verkauften. Wichtige Zulieferer waren Großmälzereien, deren es je zwei in Kulmbach und in Bamberg gab.

Zum Zentrum des Hopfenhandels wurde Bamberg. Über 70 Unternehmen zählte man kurz vor dem Ersten Weltkrieg, manche mit Zweigniederlassungen im nordböhmischen Saaz,

Werbung der Porzellanfabrik Lorenz Hutschenreuther AG in Selb. – Prospekt für Zierartikel, 1930er Jahre

von wo sie ihre Ware zu einem gehörigen Teil bezogen, aber auch in London oder New York.

In Bamberg hatten seit dem frühen 19. Jh. zudem Tabakfabriken ihren Sitz, unter denen die Firma Raulino herausragte. Sie beschäftigte in den 1920er Jahren 400 bis 500 Menschen und zählte damit zu den größten Betrieben ihrer Art in Deutschland.

Erst seit den 1880er Jahren war die Schuhindustrie herangewachsen, auf rund 2000 Arbeiterinnen und Arbeiter im Jahr 1903. Namentlich Burgkunstadt galt als das „fränkische Pirmasens", das heißt: als kleinere Schwester der pfälzischen Schuhstadt.

Nicht zuletzt die blühende Industrie und das rasante Wachstum mancher Städte – die Einwohnerzahl von Hof verdoppelte sich zwischen 1840 und 1870 auf 16.000, ein weiteres Mal dann bis 1900 – ließen beachtliche Bauunternehmen entstehen; Großziegeleien und Kalkwerke beschäftigten 1903 rund 2400 Personen. Die Holzwarenindustrie gab ebenfalls 2400 Menschen Arbeit. Die Glasindustrie, die ihre traditionellen Schwerpunkte im nördlichen Kronacher Frankenwald und um den Ochsenkopf hatte, zählte rund 1000 Arbeitsplätze. Deren Zahl wuchs wenig später, als in Kleintettau nach dem Brand der alten Glashütte moderne Fabriken gegründet wurden.

Starke Hausindustrien

Neben den Fabriken, deren Schornsteine manche Stadtsilhouette prägten, gab es – weniger offensichtlich im Alltag – starke Hausindustrien. Bei dieser Betriebsform arbeiteten die Menschen zu Hause, mit Hilfe ihrer Familie und auf eigene Rechnung, um dann ihre Ware an einen Großhändler, einen Verleger, zu liefern. Er besorgte den weiträumigen, oft weltweiten Vertrieb. Die so verfasste Hausindustrie war nicht ein unzulänglicher Vorläufer der Fabriken, sondern eine eigenständige Form von Industrie. Allein die Korbindustrie im Raum Lichtenfels/Kronach, die beinahe die ganze Welt (nur Ostasien ausgenommen) mit Flechtartikeln versorgte, beschäftigte 1903 rund 12.000 Menschen – wenngleich man hier mit größeren statistischen Unschärfen zu rechnen hat als bei Fabrikarbeitern. Das Flechtmaterial wurde, beginnend im frühen 19. Jh., von weither importiert, was die wirtschaftliche Abhängigkeit der Korbmacher von den Händler zusätzlich verstärkte: Kulturweide aus Frankreich und dem Russischen Reich, Rattan aus Südostasien, Raffiabast aus Madagaskar, Espartogras aus Nordafrika, Palmblatt aus Kuba. Den prekären Einkommensverhältnissen der Flechter wollte die Staatsregierung durch eine 1904 gegründete Fachschule abhelfen, die die Produktion hochwertigerer Produkte fördern sollte.

Die Handweberei, die vornehmlich im östlichen Frankenwald daheim war, wurde 1903 auf ca. 11.000 Menschen geschätzt; sie gebe, so heißt es, *immer noch auf tausenden von Stühlen [...] ein allerdings meist kärgliches Brot*. Sie verarbeiteten Garne, die entweder zu fein oder zu mangelhaft für die Maschinen waren, und sie konnten kleine Serien herstellen, bei denen sich der Maschineneinsatz nicht rentierte. Die Verleger saßen großteils in Münchberg und Helmbrechts, und sie verkauften die Tücher nach Amerika genauso wie nach Afrika und Indien. Mancher Völkerkundler, der exotische Kopftücher oder Lendenschurze nach Deutschland brachte, re-importierte damit oberfränkische Ware.

Kleinere Hausindustrien kamen hinzu, besonders im Frankenwald. Oft war ein solches Gewerbe ganz auf einen Ort kon-

Liefernde Korbmacher in Lichtenfels, um 1910

zentriert, ob es die Spitzenklöppelei war, die Weißnäherei, die Hausschuhmacherei oder die Herstellung von Fliegenfängern. In Ludwigsstadt stellten Heimarbeiter und Fabrikbeschäftigte Schiefertafeln her, in deren Holzrahmen sie, je nach Absatzgebiet, auch arabische oder kyrillische Lettern einprägten.

1903 wies also Oberfranken in der Fabrikindustrie rund 50.000 Menschen auf, in manchen Branchen überwiegend Frauen, und überdies in der Hausindustrie rund 25.000 Menschen, eher mehr als weniger. Die Zahlen stiegen weiterhin, über die beiden Weltkriege hinweg.

Die Industrie des Coburger Raums

Das Coburger Land wies ein Nebeneinander von agrarischen Orten und einzelnen Industriedörfern auf. Wie in den Nachbarregionen Sachsen-Meiningen und Oberfranken gewann die Porzellanfabrikation, beginnend mit dem Annawerk Oeslau von 1856, einen wichtigen Stellenwert, wobei die Fabriken des

Coburger Landes nicht selten Nippesartikel und Spielwaren auf den Markt brachten. Daneben fand man weitere keramische Betriebe wie die Steingutfabrik Max Roesler in Rodach oder die Schamotte- und Tonwerke in Ebersdorf. Nach wie vor stellte die chemische Fabrik in Grub blaue Farbe her, dazu Ceresin (synthetisches Wachs). Coburg besaß Großbrauereien, aber dort wirkte auch der Maschinenbauer Andreas Flocken (1845–1913), der 1888 ein straßentaugliches Elektroautomobil entwickelte.

Die Spielwarenindustrie, die ihr deutschlandweites Zentrum im thüringischen Sonneberg hatte, strahlte in die Nachbarschaft Neustadt bei Coburg aus, wo ab dem 19. Jh. Puppen aus Pappmaché hergestellt wurden. Der gelernte Schneider Max Oscar Arnold (1854–1938) gründete 1878 einen Zulieferbetrieb für Puppenkleidung, um nach einigen Jahren selbst die Puppenproduktion aufzunehmen. Ab 1895 errichtete er mächtige Fabrikbauten in Bahnhofsnähe, in denen am Vorabend des Ersten Weltkriegs rund 1000 Menschen beschäftigt waren.

Oberfranken nach dem Ersten Weltkrieg

Wirtschaftliche Folgen des Kriegs

Trotz sich verschlimmernder Versorgungsprobleme überstand die oberfränkische Industrie den Ersten Weltkrieg gut. Die Korbmacherei war kriegswichtig, denn sie lieferte die millionenfach benötigten Transportkörbe für Artilleriegeschosse. Nie gab es so viele Flechter wie in den Kriegsjahren, und seit Jahrzehnten hatten sie nicht so gut verdient. Verschiedene Fabriken, die wegen fehlender Rohstoffe oder mangels Absatzes nicht mehr produzieren konnten, stellten auf die Herstellung der schlichten, aber gewinnträchtigen Geschosskörbe um. Doch selbst Porzellanfabriken fanden lange ihr Auskommen, da der Absatz in Deutschland, in die verbündeten und neutralen Staaten und bis 1916 in die USA weiterlief. Erst der Kohlenmangel ließ im letzten Kriegsjahr die Brennöfen erlöschen.

Nach dem Krieg rächten sich die Exportabhängigkeit der oberfränkischen Industrie und ihr weitgehendes Angewiesensein auf eingeführte Rohstoffe. Es gelang kaum einer Branche, rasch wieder Zugang zu den Vorkriegsmärkten zu finden, und die Geldentwertung machte Importe immer aufwendiger. Kaum hatten sich die Kernbranchen ab Mitte der 20er Jahre erholt, trafen die Weltwirtschaftskrise und die Abwertung des Pfunds 1931 die oberfränkische Wirtschaft. Besonders hart traf es den Frankenwald, der sich, wie ein Abgeordneter schon vor dem Schwarzen Freitag geklagt hatte, als *Stieftochter Oberfrankens* und als *Stiefenkel der bayerischen Staatsmutter* sah; bei der Erörterung von Problemen erblicke er *selbst hohe Beamte bayerischer Zentralbehörden suchend auf der bayerischen Landkarte.*

Eine Folge der Krise war eine stärkere Fokussierung des Binnenmarkts. Die Korbindustrie beispielsweise, die längst auch Flechtmöbel produzierte – nicht in Heimarbeit, sondern in Großwerkstätten –, wandte sich seit den 30er Jahren verstärkt der Polstermöbelherstellung zu; das Geflecht trat in den Hintergrund.

Bayern statt Thüringen: der Weg Coburgs

Nach dem Ende der Monarchie entstand in der Nachbarschaft Oberfrankens aus sieben Kleinstaaten zum Jahresbeginn 1920 der Freistaat Thüringen. Allerdings schlossen sich ihm die preußischen Gebiete, etwa um Schmalkalden und Erfurt oder nördlich des Thüringer Waldes, nicht an. Die Lebensfähigkeit des zerklüfteten Staatsgebildes schien durchaus nicht gesichert. Die politischen Kräfte im Freistaat Coburg zeigten schon aus diesem Grund wenig Neigung, sich mit dem nördlichen Nachbarn zu vereinigen. Zudem schienen die Versorgungslage und die politische Stabilität in Bayern weit eher gewährleistet. Das Coburger Land war zwar historisch und administrativ mit den thüringischen Kleinstaaten und mit Preußen verzahnt, wirtschaftlich aber stark nach Oberfranken ausgerichtet.

Der Coburger Landtag entschied, eine Volksabstimmung durchführen zu lassen. Auf die Frage, *ob Coburg dem Gemeinschaftsvertrag der Thüringischen Staaten [...] beitreten* solle, antworteten am 30. November 1919 – bei einer Wahlbeteiligung von 75 % – 88,1 % der Wähler mit Nein. Dies wurde, wie allgemein angekündigt, als Votum für Bayern gedeutet. Die Coburger Regierung trat daraufhin in Verhandlungen mit der bayerischen Regierung ein, die in den Staatsvertrag vom 14. Februar 1920 mündeten. Er trat zum 1. Juli 1920 in Kraft und sicherte den Coburgern das Fortbestehen mehrerer höherer Schulen und des Landestheaters zu, ferner die Schaffung eines Landgerichts, eines Staatsarchivs und einer Landesbibliothek, die Kreisunmittelbarkeit (heute Kreisfreiheit) der Städte Coburg, Neustadt und Rodach sowie besondere Vorrechte der Coburger Sparkasse, die ihre Aktivitäten weit über Stadt und Landkreis Coburg hinaus, bis nach Nürnberg, ausdehnte.

Bamberg als Landeshauptstadt auf Zeit

Noch bevor in Coburg die Entscheidung über die Zukunft fiel, wurde Bayern von Bamberg aus regiert; Verhandlungen zwischen bayerischen und Coburger Politikern waren so leicht zu führen. Am 8. April 1919 war der Großteil der sozialdemokratisch geführten Staatsregierung vor der in München errichteten Räterepublik nach Bamberg ausgewichen. Der Landtag trat im Saal der Bürgergesellschaft Harmonie zusammen und verabschiedete dort am 12. August 1919 die erste demokratische Verfassung Bayerns. Die Staatsregierung nutzte für die Ministerien die staatlichen Verwaltungsgebäude. Regierungszentrum war der Domberg, das Verkehrsministerium hatte seinen Platz im Bahnhof, das Justizministerium im Gerichtsgebäude. Nachdem die Räteherrschaft blutig beendet war, kehrten Parlament und Regierung noch im August 1919 nach München zurück.

Bamberg bot sich als Rückzugsort an, denn die Stadt galt als Hort der Ruhe in turbulenten Zeiten. Dies erwies sich auch in der Folge. Im März 1920 erschütterte der Kapp-Putsch das Reich, bis ihn ein alsbald ausgerufener Generalstreik scheitern

Landtagssitzung im Spiegelsaal der Bürgergesellschaft Harmonie in Bamberg, 1919

ließ. Um Münchberg, Helmbrechts und Selb verwirklichten linke Kräfte den Generalstreik. In Hof erschien sogar *ein Aufruf an das revolutionäre Proletariat, die Arbeiterräte als Inhaber der öffentlichen Gewalt zu proklamieren.* Autos wurden von paramilitärischen Arbeitertruppen beschlagnahmt, Staatsgebäude okkupiert, Beamte mit Absetzung bedroht. Nach einigen Tagen schlugen mehrere tausend Mann Reichswehr und einige hundert Mann des Freikorps Chiemgau die Arbeiterunruhen brutal nieder. Zur selben Zeit berichtete der Ministerpräsident dem Bayerischen Landtag: *In Bamberg wurde der Generalstreik als solcher überhaupt nicht durchgeführt. Die Arbeit ist heute im vollen Umfang aufgenommen.* Einmal mehr zeigte sich die Heterogenität Oberfrankens.

Das Aufkommen völkischer Bewegungen

Im scheinbar ruhigen Bamberg rief im Februar 1919 der ehemalige Kavallerie-General Konstantin von Gebsattel (1854–1932) den Deutschvölkischen Schutz- und Trutzbund ins Leben. Die reichsweit aktive Organisation war geprägt von nationalistischen Ideen – „Deutschland den Deutschen" lautete ihr Schlachtruf –, von Gegnerschaft zur Sozialdemokratie und in allererster Linie von wütendem Judenhass.

Weitere völkische Verbände kamen hinzu. Der Jungdeutsche Orden erwuchs im März 1920 aus einem Freikorps und hatte Wurzeln in der Jugendbewegung. An der Spitze der Ballei Franken, die ihren Schwerpunkt im Raum Coburg hatte, stand der evangelische Dorfpfarrer Helmuth Johnsen (1891–1947). Er und seine Anhänger verfochten einen extrem antidemokratischen und antisemitischen Kurs.

Gleichsam als Heerschau der diversen, in ihrem Hass gegen die Republik und ihrer Judenfeindlichkeit geeinten Gruppierungen veranstaltete der Deutschvölkische Schutz- und Trutzbund im Oktober 1922 einen *Deutschen Tag* in Coburg. Dazu lud die örtliche Gruppe des Bundes auch Adolf Hitler (1889–1945) *mit einigen Herren seiner Begleitung* ein. Hitler erschien zur Freude der Organisatoren mit einer Musikkapelle und

Winifred Wagner (1897–1980) begrüßt Hitler bei den Bayreuther Festspielen, 1939

rund 650 SA-Leuten, die linke Proteste niederprügelten; in Nürnberg hatte sich Julius Streicher (1885–1946) angeschlossen. Damit erregte die NSDAP außerhalb des Großraums München Aufsehen, ja sie rückte in Franken zu der meistbeachteten völkischen Gruppierung auf.

In Bayreuth erfreute Hitler sich alsbald des Wohlwollens des Hauses Wahnfried; in die Familie Wagner hatte der britische Schriftsteller Houston Stewart Chamberlain (1855–1927) eingeheiratet, der durch seine nationalistischen und rassistischen Schriften zu einem Wegbereiter des braunen Ungeistes geworden ist.

Es entstanden früh Ortsgruppen der Nationalsozialisten, besonders erfolgreich 1922 in Kulmbach und Anfang 1923 in Bayreuth, und an verschiedenen Orten fanden im Krisenjahr 1923 *Deutsche Tage* statt. In Hof erschienen dazu 75.000 Menschen; Hitler nahm mit dem ehemaligen Admiral Reinhard Scheer (1863–1928) eine Parade ab. Der Bamberger Oberbürgermeister Adolf Wächter (1873–1954) hingegen versuchte den *Deutschen Tag* in seiner Stadt zu verhindern, ihm fiel jedoch die Regierung von Oberfranken in den Rücken, weshalb er 1924 zurücktrat.

Im Oktober 1923 rief der bayerische Generalstaatskommissar Gustav von Kahr (1862–1934), um die Grenze zum „roten" Thüringen zu sichern, in Ober- und Unterfranken einen *Grenzschutz Nord* ins Leben. Sein Rückgrat bildeten völkische Verbände wie die SA oder der Wiking-Bund des Marineoffiziers Hermann Ehrhardt (1881–1971). 6000 Mann, gut bewaffnet, standen zugleich bereit, gegen die verhasste Republik loszuschlagen und nach Berlin zu marschieren. Die von Warlords gelenkten Truppen waren gewaltbereit; dies zeigte sich beispielsweise, als in der Nacht vom 3./4. November 1923 eine Gruppe des „Grenzschutzes" in die Häuser zweier jüdischer Familien im Dorf Autenhausen eindrang, Geld erpresste, die Männer misshandelte und eine Scheinhinrichtung inszenierte.

Nach dem Hitlerputsch vom 9. November 1923 wurden der Grenzschutz entwaffnet und die NSDAP verboten, andere völkische Verbände lösten sich auf oder büßten ihre Bedeutung ein. Zwar erzielte der Völkische Block bei den Wahlen des Jahres 1924 noch gehörige Erfolge, doch insgesamt verloren die republikfeindlichen Kräfte für einige Zeit an Zuspruch. Freilich gelang es den Sozialdemokraten nicht, an ihre Erfolge unmittelbar nach Kriegsende anzuknüpfen. Lediglich der politische Katholizismus, seit 1918 verkörpert durch die Bayerische Volkspartei, behauptete in den intakten Milieus seine beherrschende Stellung. Mit dem Prälaten Johann Leicht (1868–1940) führte von 1920 bis 1933 ein Bamberger die BVP-Fraktion im Reichstag.

Der Aufstieg der NSDAP

Seit 1930 erhielten die radikalen, republikfeindlichen Kräfte starken Zulauf. Der Wiederaufstieg der NSDAP war in Oberfranken vornehmlich das Werk des Volksschullehrers Hans Schemm (1891–1935) aus Bayreuth. Feierlich vollzog er im Frühjahr 1925 die Wiedergründung der NSDAP-Gruppe in seiner Heimatstadt; seit 1928 führte er den NSDAP-Untergau Oberfranken, der 1929 zu einem eigenständigen Parteigau erhoben wurde. Bis dahin hatte die oberfränkische NSDAP dem Nürnberger Lehrer Julius Streicher unterstanden. Seit Anfang 1933 zählten zu Schemms Gau, nun *Bayerische Ostmark*, auch die Oberpfalz und Niederbayern. 1927 gründete er in Hof den reichsweit tätigen Nationalsozialistischen Lehrerbund (NSLB), der seinen Sitz in Bayreuth hatte und Schemm unterstand. Ihm war es gelungen, viele evangelische Pfarrer und Lehrer für die NSDAP zu begeistern. Innerhalb des NSLB gab es die Arbeitsgemeinschaft nationalsozialistischer evangelischer Geistlicher; ihr Leiter auf Reichs- wie Landesebene war Friedrich Klein (1894–1946), Pfarrer von Grafengehaig im Frankenwald, der schon seit 1927 als Parteiredner auftrat.

Angesichts der scheinbaren Kirchennähe erlangte die NSDAP gerade in Oberfranken regelrecht die Bedeutung einer evangelischen Milieupartei. So hatte sie ihre großen Erfolge namentlich in den evangelischen Landstrichen. In manchen Dörfern des Kulmbacher Landes errang sie bei der Reichstagswahl vom Juli 1932 zwei Drittel der Stimmen. In überwiegend katholischen Gebieten behauptete dagegen meist die BVP bis zu ihrer Auflösung die Mehrheit. Im Bezirk Bamberg lag sie noch im März 1933 mit 55 % deutlich vor der NSDAP (32 %).

Einen ganz besonderen Erfolg erzielte die NSDAP in der Stadt Coburg. Der Ostpreuße Franz Schwede (1888–1960), führende Gestalt der Coburger Nationalsozialisten, saß seit 1924 im Stadtrat und seit 1930 im Landtag. Er suchte sich Feindbilder und griff sie wieder und wieder an. Dies gelang ihm nicht zuletzt, weil ihm seit 1926 ein eigenes Presseorgan zur Verfügung stand. Bei einer durch Volksentscheid erzwungenen Neuwahl des Stadtrats 1929 erlangte die NSDAP 13 von 25 Sitzen. In der Folge zermürbte die braune Presse durch persönliche Angriffe die beiden Stadträte der Organisation *Stahlhelm*, eines Zusammenschlusses von Frontkämpfern des Ersten Weltkriegs, bis sie 1930 zustimmten, den Posten eines 3. Bürgermeisters zu schaffen und Schwede in dieses Amt zu wählen. Bei einer Festsitzung des Stadtrats im Januar 1931 ließ er, die momentane Mehrheit nutzend, das Rathaus mit Hakenkreuzfahnen beflaggen. Als im April 1931 der 2. Bürgermeister sein Amt niederlegte, wurde Schwede sein Nachfolger. Drei Monate später wurde auch der 1. Bürgermeister in den Ruhestand versetzt. Nun war für Schwede der Weg frei: Im Oktober 1931 wählte ihn der Stadtrat zum Bürgermeister – und Coburg war dadurch die erste Stadt von Gewicht, die einen Nationalsozialisten an der Spitze hatte. Hitler wurde bereits 1932 Ehrenbürger.

Oberfranken im „Dritten Reich"

Der Zusammenschluss mit Mittelfranken

Zum Jahresbeginn 1933 änderte sich die Verwaltung Oberfrankens. *Staatsvereinfachung* war ein Ziel der bayerischen Regierung seit Mitte der 20er Jahre. Aus diesem Grund wurden viele kleine Amtsgerichte und Finanzämter geschlossen. Doch auch die Mittelbehörden sollten durch Zusammenlegung verschlankt werden. So wurde, als der oberfränkische Regierungspräsident Otto von Strößenreuther (1865–1958) zum Jahresende 1932 aus dem Amt schied, der längere Zeit gehegte Plan umgesetzt, Oberfranken mit Mittelfranken zu vereinigen. Die Regierung von Ober- und Mittelfranken hatte ihren Sitz in Ansbach.

Bayreuth hingegen war Mittelpunkt des NS-Gaus Bayerische Ostmark, der sich von Hof bis nach Passau erstreckte. 1937 bestimmte ein Reichsgesetz den Ausbau zur Gauhauptstadt mit einem *Gauforum*, bestehend aus einem Kundgebungsplatz, einer 10.000 Menschen fassenden Halle und mächtigen Parteibauten. Kriegsbedingt wurden die weit fortgeschrittenen Planungen nicht verwirklicht.

Mit dem Zusammenschluss von Ober- und Mittelfranken ging auch die Fusion der beiden Kreisgemeinden (heute Bezirke) einher. Um den Abfluss des oberfränkischen Vermögens nach Mittelfranken zu verhindern, hatte 1927 der Kreistagspräsident Adolf Wächter eine Stiftung errichtet, die für die *Volkswohlfahrt* in Oberfranken bestimmt war. Die Oberfrankenstiftung schüttet heute pro Jahr einen zweistelligen Millionenbetrag für kulturelle und soziale Zwecke aus.

Die „Machtergreifung" in der Region

Bald nach der Ernennung Hitlers zum Reichskanzler (30. Januar 1933), besonders aber nach dem Erlass des Ermächtigungsgesetzes (24. März 1933), das die gesetzgeberische Macht der Regierung übertrug, begann die Ausschaltung und Unterdrückung der anderen politischen Kräfte. Besonders brutal gingen die Nationalsozialisten dabei gegen Kommunisten und Sozialdemokraten vor. Politische Würdenträger und besonders prominente Mitglieder wurden in örtliche Gefängnisse und oft weiter ins KZ Dachau verschleppt. Der Bamberger Jurist Willy Aron (1907–1933), Jude und engagiertes Mitglied des Reichsbanners Schwarz-Rot-Gold, starb dort an den Folgen seiner schweren Misshandlungen. Im Juni 1933 wurden dann auch regionale Funktionäre der BVP in sogenannte Schutzhaft genommen und für mehrere Wochen im Exerzitienheim am Wallfahrtsort Vierzehnheiligen interniert, bis sich die Partei am 25. Juli auflöste.

Der Regierungspräsident von Ober- und Mittelfranken wurde im April 1933 pensioniert und durch den Oberst a. D. und SA-Obergruppenführer Hans Georg Hofmann (1873–1942) ersetzt, der in Hof geboren und in Staffelstein aufgewachsen war. Er stand ab 1934 als Staatssekretär dem Reichsstatthalter in Bayern, Franz Ritter von Epp (1868–1947), zur Seite.

SA-Sonderkommissare organisierten die Gleichschaltung der Kommunen. Sie drängten Bürgermeister zum Rücktritt und setzten Nationalsozialisten an ihre Stelle. Besonders brutal agierte die SA in Coburg: Zwischen 9. März und 24. April 1933 wurden 152 Personen festgenommen und in einem Anwesen neben dem Rathaus, mitten in der Stadt, misshandelt. Ein Betroffener aus dem Staffelsteiner Land sprach von einer *regelrechte*[n] *Verprügelungsanstalt*. Der Vorsitzende der Israelitischen Kultusgemeinde, ein renommierter Arzt, hatte Coburg verlassen; als seine Rückkehr durch abgehörte Telefonate lautbar wurde, nahm die SA ihn fest und quälte ihn derart, dass er versuchte, sich das Leben zu nehmen. 84 Opfer kamen aus der Stadt, die übrigen aus teilweise weitem Umkreis. 31 Coburger wurden ins KZ Dachau verschleppt.

Gauleiter Schemm hatte 1932 eine braune Tageszeitung (*Fränkisches Volk*) gegründet. Nach der „Machtergreifung" drängte er darauf, sie mit den oberfränkischen Tageszeitungen

„Tyrann in der Westentasche": Fritz Wächtler

Nachdem Hans Schemm bei einem Flugzeugabsturz umgekommen war, folgte ihm als Gauleiter und Führer des NSLB der aus Thüringen kommende, in Bayreuth nicht verwurzelte Lehrer Fritz Wächtler (1891–1945). In seiner polternden, offen menschenverachtenden Art verprellte er Viele, auch Parteifunktionäre und das Haus Wagner. Selbst in der Spitze der NSDAP war er nicht sonderlich beliebt; Goebbels bezeichnete ihn einmal als *Tyrann in der Westentasche*. Er besaß sogar Gegner innerhalb seiner eigenen Gauleitung, namentlich seinen Stellvertreter Ludwig Ruckdeschel (1907–1986). Dieser nutzte offenbar in den letzten Kriegstagen den Weggang Wächtlers aus Bayreuth nach Waldmünchen als willkommenen Anlass, den verhassten Gauleiter als fahnenflüchtig hinrichten zu lassen.

zu verschmelzen, und übte auf Verleger und Redakteure erheblichen Druck zugunsten seines *Gauverlags Bayerische Ostmark* aus. Seit März 1933 amtierte er zusätzlich zu seinen Parteiämtern als bayerischer Kultusminister. Er gehörte damit zu den einflussreichsten Gauleitern des Reichs.

Der schöne Schein des Regimes

Das braune Regime herrschte durch Terror, aber nicht minder durch den schönen Schein. In vielen Städten wurden Siedlungen mit Ein- und Zweifamilienhäusern angelegt. Der Reichsarbeitsdienst wurde eingeführt, und durch mehrere oberfränkische RAD-Lager (so Weismain, Königsfeld, Frauendorf) wurden Dörfer auf der Frankenalb durch neue Straßen besser angebunden. Trachten- und Volksmusikgruppen, beispielsweise aus dem Coburger Land, umrahmten Rundfunksendungen. Vier Ensembles aus dem Gau Bayerische Ostmark traten in Hamburg beim Weltkongress für Freizeit und Erholung auf. Karl Meier-Gesees (1888–1960), Professor an der Lehrerbildungsanstalt Bayreuth, organisierte als Mitglied der Gauleitung das Reichstrachtenfest 1937.

Die Wagner-Festspiele in Bayreuth, zum ersten Mal 1876, dann erst wieder 1882 durchgeführt, mussten aus wirtschaftlichen Gründen immer wieder ein Jahr aussetzen, zuletzt 1932 und 1935. Dank der Freundschaft, die Siegfried Wagners Witwe Winifred (1897–1980) mit Hitler verband, und der Begeisterung, die der „Führer" für die Werke Richard Wagners empfand, erfreuten sich die Festspiele reichlicher staatlicher Förderung und großen Zustroms. Sie konnten bis 1944, zuletzt mit stark reduziertem Programm, durchgeführt werden.

Antisemitismus und Massenmord

Das wahre, entsetzliche Gesicht des Regimes zeigte sich an anderer Stelle. Die antisemitische Politik verschärfte sich ab 1937. Schon zuvor hatten die Machthaber versucht, Juden wo immer möglich zu benachteiligen, sie namentlich aus dem Wirtschaftsleben zu verdrängen. So wurde Philipp Rosenthal zusammen mit seinem Stiefsohn 1934 unter Drohungen aus dem Aufsichtsrat des von ihm gegründeten Unternehmens hinausgedrängt.

Offensichtlich wurde die harte Gangart in der Pogromnacht vom 9. auf den 10. November 1938. In Bamberg wurde die Synagoge, ein stattlicher Bau von 1909/10 unweit des Justizpalastes, in Brand gesteckt. Kommerzienrat Willy Lessing (1881–1939), der dorthin eilte, um Thorarollen zu bergen, wurde derart schwer misshandelt, dass er nach Wochen an den Folgen starb. In Lichtenfels wurden, wie vielerorts, Synagoge und Wohnhäuser geplündert; die Frau des jüdischen Religionslehrers erlitt schlimmste tätliche Demütigungen und wurde einige Zeit später tot im Main gefunden. Ein Korbhändler, im Ersten Weltkrieg mit Orden dekoriert, beging Suizid.

In der Folge wurden jüdische Geschäftsleute enteignet, indem sie zwangsweise an „Arier" verkaufen und ihre Betriebe schließen mussten. Nach der Pogromnacht unternahmen noch mehr Menschen als in den fünf Jahren zuvor den Versuch, aus Deutschland auszuwandern. In Ober- und Mittelfranken war die Zahl der Juden zum 1. Oktober 1938 bereits auf 59 % ge-

Schaulustige vor der brennenden Synagoge in Bamberg, 10. November 1938

genüber 1933 gesunken. Bayreuth hatte 1933 noch 261 jüdische Einwohner, Ende 1939 nur mehr 80.

Im November 1941 begannen die Deportationen der oberfränkischen Juden, die bis in den September 1942 andauerten. Der erste Transport aus Bamberg, 1009 Menschen umfassend, erreichte nach zwei Tagen das Lager Riga-Jungfernhof; im März und April gingen weitere Züge von Bamberg, mit 1000 bzw. 955 Menschen besetzt, nach Izbica im Distrikt Lublin. Allein 223 Einwohner der Stadt Bamberg wurden in Vernichtungslager verbracht. Nur einzelne Frauen und Männer, die durch sogenannte „privilegierte Mischehen" mit Nichtjuden geschützt waren, blieben, vielfach benachteiligt und gedemütigt, vor der Ermordung verschont.

Von Kutzenberg in die Vernichtungsanstalt: die T4-Aktion

Psychisch kranke und behinderte Menschen galten den Nationalsozialisten als „unwertes Leben". Ab 1939 wurden Heil- und Pflegeanstalten in Ober- und Mittelfranken aufgelöst (darunter Bayreuth), die Patienten auf die entsprechenden Einrichtungen in Kutzenberg bei Ebensfeld, Erlangen und Ansbach verteilt. Von dort aus wurden die Menschen busweise in Tötungsanstalten deportiert. Insgesamt kamen zwischen September 1940 und Juni 1941 weit über 400 Menschen aus Kutzenberg ums Leben, die zehn jüdischen Insassen zuerst. Die meisten von ihnen wurden im Rahmen der sogenannten T4-Aktion in Schloss Hartheim bei Linz ermordet. Selbst als Proteste von Angehörigen und Kirchen das planvolle Töten gestoppt hatten, starben Menschen durch staatliches Handeln: Kutzenberg war mit bis zu 872 Patienten überbelegt. Gnadenlose Unterversorgung, ausdrücklich gewollt, förderte die Sterblichkeit. Der leitende Arzt ließ Parkanlagen umackern und Gemüse anpflanzen, um ein wenig entgegenzusteuern.

Unter den Persönlichkeiten, die dem staatlichen Unrecht widerstanden, waren Sozialdemokraten wie der Bayreuther Studienrat Oswald Merz (1889–1946). Er, mittlerweile in Frankfurt wohnhaft, wurde 1937 mit 16 weiteren ehemaligen SPD-Politikern aus Bayreuth und Hof wegen *Vorbereitung zum Hochverrat* verurteilt. Nach Verbüßung seiner Gefängnisstrafe kam er ins KZ Dachau. Rechtsanwälte wie der Liberale Thomas Dehler (1897–1967) und der einstige BVP-Anhänger Hans Wölfel (1902–1944) in Bamberg vertraten trotz persönlicher Nachteile regimekritische Personen. Wölfel wurde wegen freimütiger Äußerungen denunziert und vom Volksgerichtshof zum Tod verurteilt. Zum militärischen Widerstand zählte – neben dem zeitweilig in Bamberg stationierten Claus Graf Schenk von Stauffenberg (1907–1944) – der Chef der militärischen Abwehr, Oberst Georg Alexander Hansen (1904–1944) aus Sonnefeld bei Coburg.

Oberfranken im Zweiten Weltkrieg

Der Krieg, den Deutschland 1939 vom Zaun brach, kostete unzählige Menschenleben. Die Region selbst galt lange Zeit als sicher, weshalb kriegswichtige Produktionen hierher verlagert wurden und großstädtische Museen und Bibliotheken wertvolle Bestände in oberfränkischen Schlössern und Gutshöfen deponierten.

Doch im letzten Kriegsjahr suchten alliierte Luftangriffe auch Ziele in Oberfranken heim. Am 22. Februar 1945 fielen zum Beispiel mehrere hundert Bomben auf Bamberg, die 130 Wohnhäuser vernichteten oder schwer beschädigten. Ein im Bahnhof Zapfendorf abgestellter deutscher Güterzug explodierte, von Flugzeugen beschossen, am 1. April 1945, was den gesamten Ort dem Erdboden gleich machte. Bayreuth war Ziel von Bomberverbänden nur wenige Tage, bevor US-Truppen am 14. April 1945 die Gauhauptstadt einnahmen.

Im Schatten der Zonengrenze: Oberfranken zwischen 1945 und 1990

Die Bayerische Verfassung von 1946 hatte nicht wenige oberfränkische Väter. Dem Verfassungsausschuss der Verfassunggebenden Landesversammlung saß der Bamberger Oberlandesgerichtspräsident Lorenz Krapp (1882–1947) vor – er verfasste die Präambel –, und seine Schriftführer waren Hans Ehard (1887–1980) aus Bamberg, nachmals Ministerpräsident, und der aus Lichtenfels gebürtige Thomas Dehler. Zu nennen ist ferner Josef Müller (1898–1979) aus Steinwiesen bei Kronach. Der „Ochsensepp" war als Widerstandskämpfer 1945 knapp der Hinrichtung entgangen und zählte zu den Gründervätern der CSU als überkonfessioneller Partei; von 1946 bis 1949 war er ihr Vorsitzender. Unter den Sozialdemokraten im Verfassungsausschuss war der Bayreuther Landrat Claus Pittroff (1896–1958). Das einzige kommunistische Mitglied des Gremiums, Hermann Schirmer (1897–1981), Landesvorsitzender der KPD, stammte aus Stockheim im Frankenwald.

Die Verfassung bestimmt in Artikel 185: *Die alten Kreise (Regierungsbezirke) mit ihren Regierungssitzen werden ehestens wiederhergestellt.* 1948 wurden, diesem Gebot folgend, die Bezirke Ober- und Mittelfranken getrennt. Bayreuth erlangte seine Stellung als Bezirkshauptstadt zurück.

Leben mit der Grenze

Oberfranken trug als Last die Grenze zur Sowjetischen Besatzungszone bzw. der DDR sowie zur Tschechoslowakei. Das Grenzregime der DDR machte ein Überschreiten der Demarkationslinie immer schwieriger. Zwischen den Mannschaften aus den Schwesterstädten Sonneberg und Neustadt bei Coburg fand noch 1949 ein Fußballspiel statt, und Güterzüge befuhren bis 1951 die Bahnlinie, die beide Orte verband. Dann aber war der Grenzübergang geschlossen.

Das kleine Dorf Mödlareuth war durch den Tannbach in zwei Hälften geteilt: Die Häuser östlich davon gehörte zum thüringischen Landkreis Schleiz, die Anwesen westlich lagen im Landkreis Hof. Auf DDR-Seite wurde, um auch die Sichtverbindung zwischen den Ortshälften zu unterbinden, 1952 ein hoher Bretterzaun errichtet, dann ein Stacheldrahtzaun, schließlich 1966 eine Betonmauer. Dieses steinerne Dokument der deutschen Teilung avancierte im Westen zur Sehenswürdigkeit, Mödlareuth erlangte als *Little Berlin* Berühmtheit. Auch die Situation in Falkenstein im Landkreis Kronach, wo ein Wirtshaus direkt auf der Grenze stand, zog durchaus Schaulustige an.

Für die oberfränkische Wirtschaft erwies sich die deutschdeutsche Teilung vor der Haustür als schwere Hypothek, denn viele Hersteller waren abgeschnitten von ihren traditionellen Absatzmärkten. Verkehrshindernisse kamen hinzu. So wurde die Bahnlinie von Tettau nach Süden, die im engen Tal einmal auf bayerischer, dann auf thüringischer Seite verlief, durch die DDR unterbrochen – eine Katastrophe für die Glas- und Porzellanfabriken. Trotzig setzte die Bahn Culemeyer-Waggons ein, die sowohl auf Straßen als auch auf Schienen fahren konnten.

Manche Branche konnte die Unterbrechung der alten Absatzwege zum Vorteil ummünzen. Die Korbindustrie hatte Kinderwagenfabriken in Zeitz und Brandenburg a. d. Havel beliefert. Nun gründeten Korbhändler und andere Investoren eigene Kinderwagenfabriken, so dass der Raum Lichtenfels/Kronach/Coburg zum westdeutschen Schwerpunkt der Produktion wurde. Aufs Ganze gesehen litt die Wirtschaft aber, ganz besonders im Landkreis Kronach, der wie ein Finger in DDR-Gebiet hineinragte. Wie 1930 in der Weltwirtschaftskrise entstand eine Denkschrift mit dem Titel *Not im Frankenwald*. Aus strukturschwachen Frankenwaldorten pendelten sogar Arbeiter zu den Schieferbrüchen im thüringischen Lehesten. Bis 1963 brachten Busse westliche Arbeitskräfte – zuletzt immer weniger – dorthin. Beinahe ebenso lange arbeiteten übrigens Thüringer noch in den Tettauer Fabriken.

Die Eingliederung der Heimatvertriebenen

Nicht nur die Grenze belastete Oberfranken. Aus Ostpreußen und Pommern kamen schon vor Kriegsende „Flüchtlinge" (so der lange Zeit gängige Begriff), dann auch aus Schlesien, und 1946 wurden die Sudetendeutschen aus der ČSSR ausgewiesen. Das einstige KZ-Außenlager Moschendorf bei Hof diente ab 1945 als wichtige Durchgangsstation für Heimatvertriebene und Kriegsheimkehrer. Für einzelne wurde es zur vorübergehenden Bleibe, so dass neben Behelfswohnungen eine eigene Schule, ein Kindergarten und ein katholischer Gottesdienstraum eingerichtet wurden.

Im Oktober 1946 zählte man in Bayern fast 1,7 Mio. „Flüchtlinge". Sie stellten landesweit 18,9 % der Bevölkerung. In Oberfranken waren es sogar 22 %, noch höher lag ihr Anteil in Schwaben und Niederbayern. Die niedrigste Flüchtlingsquote wiesen Unter- und Mittelfranken sowie Oberbayern auf. Grundsätzlich war der Anteil von Heimatvertriebenen auf dem Land höher als in den Städten. Im Landkreis Staffelstein lag die Quote bei 27 %, und 1951 bemerkte der dortige Landrat, zu den 19.000 Einheimischen seien seit Kriegsende weitere 9300 Menschen gekommen. Diese waren, zumal in den ersten Nachkriegsjahren, vielfach bloß notdürftig untergebracht und hausten in wahren Elendsquartieren. Für alte Heimatvertriebene, die alleinstehend waren, schuf die Caritas bereits im November 1945 in der Klosteranlage von Banz ein „Flüchtlingsaltenheim", dem weitere Einrichtungen folgten.

Der Bevölkerungszuwachs veränderte althergebrachte Strukturen. In rein katholischen Ortschaften entstanden evangelische Kirchengemeinden und umgekehrt. Nach einer Phase, in der man sich mit Notlösungen behalf – oft wurden Nebenkirchen der anderen Konfession oder Tanzsäle genutzt –, errichteten sich die Gemeinden neue Kirchen. In Oberfranken wurden zwischen 1950 und 1970 fast 70 evangelische Kirchenneubauten eingeweiht.

Auch wirtschaftlich brachte die Vertreibung neue Impulse. Der Berliner Rundfunkgerätehersteller Loewe-Opta war während des Kriegs von Berlin nach Görlitz ausgelagert worden.

Flüchtlingslager Moschendorf bei Hof, 1948

Seine Belegschaft strandete auf der Flucht nach Westen im März 1945 in Kronach. So ließ sich das Unternehmen erst notdürftig in Küps und 1947/48 dauerhaft in Kronach nieder. Glasmacher aus dem Isergebirge bescherten der Glasindustrie in Weidenberg und Bischofsgrün einen Aufschwung.

Am 20. März 1946 trat erstmals das *Bamberger Tonkünstlerorchester* auf, dessen Kern vertriebene Mitglieder der Deutschen Philharmonie Prag bildeten; anders als später kolportiert, stellten sie aber nicht die Mehrheit im Klangkörper. Unter dem Namen *Bamberger Symphoniker* hat das Orchester Weltruhm erlangt. Auch in Hof schlossen sich Angehörige des ehemaligen Stadtorchesters Hof und sudetendeutsche Musiker kurz nach Kriegsende zusammen. § 1 der Satzung beginnt vielsagend: *Das Hofer Konzertorchester ist eine Notgemeinschaft*. Aus diesem Orchester, das anfangs vornehmlich Verpflichtungen im Theater übernahm und in Bad Steben und Bad Kissingen als Kurorchester auftrat, wurde nach Jahrzehnten ein eigenständiges Symphonisches Orchester, das – auch dank seiner großen Musikschule – aus dem Kulturleben Oberfrankens nicht wegzudenken ist.

Die neuen Hochschulen

Nach schweren Anfängen stabilisierte sich der Wirtschaftsraum Oberfranken zunehmend. Einen wesentlichen Beitrag leistete die Zonenrandförderung, die mit beträchtlichen Investitions- und Betriebszuschüssen nicht nur Betrieben, sondern auch kulturellen Einrichtungen in Grenznähe ihre Existenz ermöglichte.

Wichtige Impulse brachten die neuen Hochschulen. Nach dem Zweiten Weltkrieg sah es für kurze Zeit so aus, als könne in Bamberg die vierte bayerische Universität entstehen. Die Philosophisch-Theologische Hochschule, das einstige Lyzeum, 1939 durch die Nationalsozialisten geschlossen, wurde noch 1945 wiedereröffnet. Sie sollte auf Drängen ihres Rektors zur Universität ausgebaut werden. In Bamberg lehrten bereits namhafte Chemiker wie Walter Noddack (1893–1960) und Juristen. Doch die Bestrebungen wurden zwischen landes- und konfessionspolitischen Mühlsteinen zerrieben. Anfang der 50er Jahre scheiterte der Versuch, in Bamberg eine „Ostuniversität" für heimatvertriebene Lehrende und Studenten zu schaffen. Die vierte Landesuniversität Bayerns entstand erst 1967, und zwar in Regensburg. 1970 beschloss der Landtag, die nächsten Universitäten in Bayreuth und Passau zu schaffen; Bamberg solle immerhin eine Teiluniversität erhalten, für die man im folgenden Jahr eine neue Bezeichnung fand: *Gesamthochschule*. Diese trat 1972 ins Leben, indem man die Pädagogische Hochschule Bamberg – Nachfolgerin des Lehrerseminars – mit der Philosophisch-Theologischen Hochschule verschmolz. 1979 erhielt die Gesamthochschule Bamberg die Bezeichnung „Universität".

An der Universität Bayreuth war der Lehrbetrieb 1975 aufgenommen worden. Der Kultusminister nannte in seiner Eröffnungsrede die Motive für die bayerischen Hochschulgründungen: *Es wäre ohne Zweifel möglich, das zu erwartende Studentenaufkommen [...] durch Erweiterungen an den großen Universitäten in Würzburg, Erlangen oder München unterzubringen. Aber wäre es gerecht, ausgerechnet den Bürgern eines strukturell förderungsbedürftigen Gebiets zuzumuten, daß sie ihren Söhnen und Töchtern ein Studium an einer weit entfern-*

Grundsteinlegung für die Universität Bayreuth durch Ministerpräsident Alfons Goppel am 23. März 1974

ten Universität finanzieren, während die Bewohner der strukturstarken Ballungsgebiete die Chance universitärer Ausbildung von der eigenen Wohnung aus mit der S-Bahn wahrnehmen können? Bildungsgerechtigkeit gegenüber dem ländlichen Raum, aber auch das Bestreben, die Landesteile abseits der Ballungszentren zu stärken, bewegten die Staatsregierung und den Landtag, in Bamberg und Bayreuth wie in Augsburg und Passau neue Universitäten zu gründen.

Um dieselbe Zeit entstanden in Bayern Fachhochschulen, die auf technische Berufe vorbereiten sollten. 1971 wurde aus dem Polytechnikum Coburg, der vormaligen Bauschule, die auf eine private Bildungseinrichtung aus dem Jahr 1814 zurückging, eine Fachhochschule (seit 2011 Hochschule für angewandte Wissenschaften). 1994 wurde in Hof – wie gleichzeitig in sechs anderen bayerischen Städten – eine weitere Fachhochschule eröffnet. Ihr wurde 2000 der Fachbereich Textiltechnologie und -design in Münchberg (zuvor bei der FH Coburg) zugewiesen. In Hof besteht ferner seit 1975 ein Fachbereich der Fachhochschule für öffentliche Verwaltung und Rechtspflege in Bayern.

Zurückgewonnene Mitte:
Oberfranken seit der Wiedervereinigung

Oberfranken hatte drei Grenzübergänge zur DDR: Rudolphstein/Hirschberg (Autobahn), Ludwigsstadt/Probstzella (Bahn) und Rottenbach/Eisfeld (Straße). Über sie einreisend, besuchten ab dem 10. November 1989 DDR-Bürger oberfränkische Städte. Weitere Grenzübergänge kamen binnen weniger Tage dazu. An der Gebrannten Brücke nahe Neustadt bei Coburg harrten Sonneberger in der Nacht vom 11. auf den 12. November 1989 aus, bis am frühen Morgen, noch vor Sonnenaufgang, der Grenzübergang nach Jahrzehnten zum ersten Mal wieder geöffnet wurde.

Neue Verkehrswege

In kürzester Zeit wurden an vielen Stellen Straßenverbindungen zwischen Thüringen oder Sachsen und Oberfranken hergestellt, erst provisorisch, bald als dauerhafte Fahrbahnen. Dagegen ließ die Deutsche Bundesbahn lediglich eine einzige Schienenverbindung zwischen Oberfranken und Thüringen wiederherstellen (Neustadt–Sonneberg, eröffnet im September 1991); sechs andere Bahntrassen, die die Grenze überschritten, blieben stillgelegt. Der einseitige Fokus auf den Individualverkehr, wie er Bundes-, Landes- und Kommunalpolitik bestimmte, förderte den Rückbau von Eisenbahn-Nebenstrecken. Er hatte innerhalb Oberfrankens in den 60er Jahren eingesetzt und war bis 1990 weit fortgeschritten. In der Folge wurde er noch weitergeführt.

Um nicht nur grenznahe Orte wieder miteinander zu verbinden, sondern auch leistungsfähige Fernverbindungen zu schaffen, wurden im Rahmen der *Verkehrsprojekte Deutsche Einheit* mehrere Vorhaben in Oberfranken verwirklicht. Die Bundesautobahn 9 von München nach Berlin, 1934 bis 1940 gebaut, die an der damaligen Gauhauptstadt Bayreuth vorbeiführt, wurde auf sechs Streifen erweitert und an einigen Stellen, etwa bei Himmelkron, neu trassiert. Einen kompletten Neubau ab Lichtenfels stellte die Bundesautobahn 73 dar, die Nürnberg und Suhl verbindet. Der Abschnitt von Lichtenfels nach Suhl durch den Thüringer Wald wurde im September 2018 eröffnet. Ein drittes Großprojekt stellt die Bahn-Schnellfahrstrecke von Nürnberg nach Erfurt dar. 1996 begonnen, wurde ihr Bau 1999 gestoppt und 2002 erneut in Angriff genommen. Ihr wichtigster Teil, die Neubautrasse Ebensfeld–Erfurt, die zahlreiche Tunnel und Brücken beinhaltet, wurde im Dezember 2008 in Betrieb genommen.

Seitens der Wirtschaft wurden die neuen Fernwege begrüßt. Sie gingen freilich mit starken Eingriffen in die Kulturlandschaft einher. Das als „Gottesgarten" gerühmte obere Maintal oder das Regnitztal südlich von Bamberg hat heute mehr den Charakter eines Transitkorridors. Dies wird unterstrichen durch Logistikhallen und andere Industriebauten, die längs der Autobahnen, zumal im letzten Jahrzehnt, errichtet wurden.

Chance und Krise traditioneller Industrien

Bei traditionellen Branchen wie Textil und Porzellan setzte, offensichtlich in den 70er Jahren, ein Deindustrialisierungsprozess ein. Ihn bremste kurzzeitig der erhöhte Konsum im wiedervereinigten Deutschland. Dann aber schritt er wieder voran. 1981 existierten 55 Betriebe der feinkeramischen Industrie in Oberfranken; in ihnen arbeiteten 17.600 Menschen. 1994 waren es nur noch 45 Fabriken, heute rund 20. Dramatischer war der Rückgang der Beschäftigtenzahl: Sie sank bis 1994 auf knapp 13.000; zehn Jahre später gab es keine 4000 Arbeitsplätze mehr in der keramischen Industrie, Tendenz weiter fallend. Am besten konnten sich Produzenten von technischem Porzellan halten.

Als 1982 in Hohenberg a. d. Eger in einer ehemaligen Fabrikantenvilla das Deutsche Porzellanmuseum eröffnet wurde, sollte es Schaufenster einer florierenden Branche sein. Das daraus hervorgegangene, 2014 verstaatlichte Porzellanikon nimmt diese Aufgabe noch immer wahr, ist heute aber mehr Hüter eines großen Erbes.

Auch jüngere Branchen erlebten einen Niedergang. In Ebersdorf b. Coburg, der Hochburg der Polstermöbelindustrie, existierten 1977 elf Hersteller mit über 1300 Beschäftigten vor Ort. 25 Jahre später waren es noch zwei Fabriken mit 270 Beschäftigten. Tendenziell schwand, wie in der ganzen Bundesrepublik, die Bedeutung des produzierenden Gewerbes, wenngleich Fabrikschließungen auch starke Zuwächse entgegenstanden, etwa im Bereich der Kunststoffverarbeitung, bei weiteren Automobilzulieferern oder in jüngerer Zeit auf dem Feld der Gesundheitswirtschaft, so in Forchheim.

In der Summe war die Entwicklung seit der Wiedervereinigung, an Gesamtbayern gemessen, bescheiden. Oberfranken zählte damals über 4 Mio. sozialversicherungspflichtige Arbeitsplätze – und damit mehr als heute; dabei ist der Anteil von Teilzeitstellen erheblich gestiegen. Ähnlich verhält es sich beim Bevölkerungstrend: Oberfranken hat seit 1990 rund 50.000 Einwohner verloren, während Bayern um eine Dreiviertelmillion Menschen gewachsen ist. Die weltweit zu beobachtende Urbanisierung führt zu einer Überalterung und Unterjüngung des ländlichen Raums. Oberfranken fehlt die Großstadt, die dörfliche Verluste ausgleichen würde.

Doch auch innerhalb Oberfrankens sind große Unterschiede festzustellen. Besonders schwer war der hochindustrialisierte Osten des Bezirks von den demografischen Wandlungen betroffen. Hof ist die größte Stadt Bayerns, die in den vergangenen 30 Jahren Einwohner verloren hat. Die Porzellinerstadt Selb, die 1961 noch über 24.500 Einwohner gezählt hatte, war bis zur Wende um 5000 Menschen geschrumpft. Die Bevölkerungszahl stabilisierte sich in der Folge, um an der Jahrtausendwende den früheren Abwärtstrend wieder aufzunehmen. Heute leben in Selb nur mehr 15.000 Menschen. Die gleiche Tendenz zeigt der gesamte Landkreis Wunsiedel.

Bamberg verzeichnete bis zur Wende einen langsamen Rückgang an Einwohnern und hielt danach den Stand, bis 2010 eine Phase steten Wachstums (ca. 1000 Menschen im Jahr) einsetzte. Die Aufnahme der Altstadt in die Liste des UNESCO-Welterbes 1993 hat die Attraktivität Bambergs sichtbar unterstrichen. Forchheim ist in der Nachkriegszeit beständig gewachsen, wobei, nach Jahren der Stagnation, in jüngster Zeit wieder ein deutliches Plus zu erkennen ist.

Vermarktungsstrategien für Oberfranken

Angesichts der geschilderten Entwicklung fehlte es in den letzten Jahrzehnten nicht an Versuchen, die Region besser zu vermarkten. Für Nordostoberfranken suchte eine regionale Zeitung Anfang der 90er Jahre einen neuen, klangvollen Namen. Die Lesereinsendungen erbrachten als Ergebnis *Hochfranken*. Kleinräumige Initiativen ringen um ein besseres Image für ihren Landstrich. Erfolgreich agierte dabei in den letzten Jahren das Fichtelgebirge mit seinem Slogan *Freiraum für Macher*, der geschickt den Bevölkerungsschwund ins Positive wendete.

Weit schwerer war und ist es, den ganzen Regierungsbezirk besser zu vermarkten. Zwar hatten Vereine wie „Genussregion Oberfranken" und „Bierland Oberfranken" gehörigen Erfolg, indem sie auf die einzigartige Brauereivielfalt und die zahlreichen handwerklichen Bäckereien und Brauereien hinwiesen. Komplexer hingegen ist die Aufgabe des 1994 gegründeten Marketingvereins „Oberfranken offensiv", der nicht nur kulinarische Vorzüge, sondern auch die innovative Kraft der

Logo der Dachmarke
Oberfranken

Der Staffelberg mit Adelgundiskapelle

Region sichtbar machen soll. In einem Dachmarkenprozess entwickelte er 2009/10 ein Profil für die Vermarktung. Der zentrale Slogan, der daraus hervorgegangen ist, heißt *Echt. Stark. Oberfranken.*

Freilich ist ein Vermarkten des Raumganzen schwierig, da Oberfranken keine natürlichen und auch wenige historische Gemeinsamkeiten hat. Mit drei fürstlichen Residenzen und zahllosen Rittersitzen verkörpert der Regierungsbezirk beispielhaft die fortwirkende Buntheit des Alten Reichs. Eine Geschichtssicht, die Zentralismus und nationale Größe glorifizierte, hat derartige Zersplitterung negativ gezeichnet. Mittlerweile wird freilich erkannt, welch große kulturelle Wirkkraft die einstige Kleinteiligkeit besaß.

Ein Akzentwechsel tut ebenso beim Blick auf die Gegenwart Not. Die Klage über die Uneinigkeit unter den oberfränkischen Kommunen und das Lamento über fehlende Gemeinsamkeiten innerhalb der Region sind im politischen Diskurs beliebt. Doch Versuche, dies zu ändern, müssen scheitern, wenn sie Einheitlichkeit konstruieren wollen, wo es sie nicht gab: Der Reiz der Region Oberfranken liegt gerade nicht in ihrer Gleichförmigkeit, sondern in ihrer Vielfalt.

Vielfalt ist nämlich kein Schaden, sondern ein Wert.

Anhang

Zeittafel

80.000–70.000 v. Chr.	Älteste menschliche Spuren in Oberfranken (Kösten bei Lichtenfels)
9. Jh. v. Chr.	Steinerne Befestigung Heunischenburg bei Kronach
580–320 v. Chr.	Stadtartige Siedlung auf der Ehrenbürg bei Forchheim
180–30 v. Chr.	Spätkeltisches Oppidum auf dem Staffelberg
741	Ersterwähnung des Königshofs Hallstadt
793	Errichtung von 14 Kirchen zur Missionierung der Slawen im Radenzgau
900/911	Königswahl in Forchheim
906	Sieg der Konradiner über die Babenberger
1003	Erhebung des Markgrafen Hezilo von Schweinfurt gegen König Heinrich II.
1007	Gründung des Bistums Bamberg
1012	Weihe des ersten Bamberger Doms
um 1070	Gründung des Benediktinerklosters Banz
1127	Gründung des Zisterzienserklosters Ebrach
1132/33	Gründung des Zisterzienserklosters Langheim
1146/1200	Heiligsprechung der Bamberger Bistumsgründer, des Kaiserpaars Heinrich († 1024) und Kunigunde († 1046)
um 1200	Aussterben der Grafen von Abenberg-Frensdorf, der Vögte des Bistums Bamberg
1237	Weihe des heutigen Bamberger Doms
1248	Tod des letzten Herzogs von Andechs-Meranien auf der Burg Niesten
1260	Ende des meranischen Erbfolgestreits; Gründung des Zisterzienserinnenklosters Sonnefeld im Dorf Ebersdorf b. Coburg
1279	Stiftung des Nonnenklosters Himmelkron durch Otto von Orlamünde

1328–74	Kaiserliche Stadtrechtsverleihungen für zahlreiche oberfränkische Städte
1347	Tod des letzten Schlüsselbergers auf Burg Neideck
1353	Erwerb des Coburger Landes durch die Markgrafen von Meißen aus dem Haus Wettin
1381–90	Erwerb des Besitzes der Grafen von Truhendingen um Baunach und Scheßlitz durch den Fürstbischof von Bamberg
1430	Hussitische Truppen fallen ins östliche Franken ein und richten in mehreren Städten Zerstörungen an
1523	Bei einer Strafaktion gegen „Raubritter" zerstört der Schwäbische Bund etliche fränkische Burgen (Guttenberg, Waldstein, Sparneck u. a.)
1525	Im Bauernkrieg erheben v. a. im Hochstift Bamberg die Untertanen soziale wie reformatorische Forderungen
1528/29	Kirchliche Strukturen im Coburger Land als Teil Kursachsens werden im lutherischen Sinn umgestaltet; Einführung der Reformation im Markgraftum Kulmbach und im Landgebiet der Reichsstadt Nürnberg
1530	Aufenthalt Luthers auf der Veste Coburg
1546	Gründung eines Gymnasiums in Hof a. d. Saale durch Markgraf Albrecht Alcibiades von Brandenburg-Kulmbach
1552/53	Eroberungsfeldzug von Albrecht Alcibiades gegen das Fürstbistum Bamberg
1554	Zerstörung der Plassenburg ob Kulmbach durch die Truppen des Hochstifts Bamberg und seiner Verbündeten
1586	Gründung des Collegium Ernestinum als Priesterseminar und Hochschule in Bamberg
1593/95	Beginn der landesherrlichen Gegenreformation im Hochstift Bamberg
1603	Mit Georg Friedrich von Brandenburg-Ansbach und -Kulmbach stirbt die fränkische Linie der Zollern aus; ihm folgt im Fürstentum Kulmbach Markgraf Christian, ein Sohn des Kurfürsten von Brandenburg

1605	Eröffnung des Gymnasium Casimirianum in Coburg
1610	Verlegung der Residenz und der Zentralbehörden des Markgraftums Kulmbach nach Kulmbach
1616	Beginn der massenhaften Hexereiprozesse im Hochstift Bamberg
1632	Einfall schwedischer Truppen ins Hochstift Bamberg: das östliche Franken wird bis 1648 ein wichtiger Schauplatz des Dreißigjährigen Kriegs
1647	Gründung der Academia Ottoniana in Bamberg
1687–96	Bau des Schlosses Seehof bei Bamberg
1697–1703	Bau der Neuen Residenz in Bamberg
1711–18	Bau des Schlosses Weißenstein bei Pommersfelden
1715–22	Anlage der Eremitage in Bayreuth, erweitert 1735–53
1735	Aufteilung des Coburger Landes unter den Herzogtümern Sachsen-Saalfeld, -Hildburghausen und -Meiningen
1735/69	Ausbau der Bamberger Akademie zur Volluniversität mit juristischer und medizinischer Fakultät
1742	Gründung einer Universität in Bayreuth (1743 nach Erlangen verlegt)
1743–72	Neubau der Wallfahrtskirche Vierzehnheiligen
1748	Einweihung des Markgräflichen Opernhauses in Bayreuth
1753–58	Bau des Neuen Schlosses in Bayreuth
1759	Wiedererstehen der jüdischen Gemeinde in Bayreuth
1772	Gründung der Blaufarbenfabrik in Grub a. Forst
1782	Gründung der Porzellanfabrik in Schney
1789	Eröffnung des Allgemeinen Krankenhauses in Bamberg
1791	Der letzte Markgraf von Brandenburg-Ansbach und -Kulmbach dankt ab, sein Land fällt an das Königreich Preußen
1792–97	Tätigkeit Alexander von Humboldt als Bergbeamter in der preußischen Provinz Bayreuth
1802	Hochstift Bamberg wird von bayerischen Truppen besetzt, der letzte Fürstbischof legt seine weltliche Herrschaft nieder; das Land fällt an das Kurfürstentum Bayern; Gründung des Bamberger Theaters (heute ETA Hoffmann Theater)

1803	Aufhebung der Stifte und Prälatenklöster sowie der Universität Bamberg
1806	Mediatisierung der Reichsritterschaft
1808	Einteilung des Königreichs Bayern in Kreise; der Großteil des ehemaligen Hochstifts Bamberg wird zum Mainkreis (ab 1817 Obermainkreis)
1808–13	Tätigkeit E. T. A. Hoffmanns als Musikdirektor in Bamberg
1810	Bayern erlangt von Napoleon das Fürstentum Bayreuth; Verwaltung des Mainkreises wird von Bamberg nach Bayreuth verlegt
1814	Niederlassung des Porzellanmalers Carolus Magnus Hutschenreuther in Hohenberg a. d. Eger (Porzellanfabrikation ab 1822)
1826	Neuzuschnitt der ernestinischen Kleinstaaten – Coburg wird Teil des Herzogtums Sachsen-Coburg und Gotha
1831	Regierungsantritt des Coburger Prinzen Leopold als König der Belgier
1835	Bau des Hoftheaters (heute Landestheaters) Coburg
1837/38	Die bayerischen Kreise werden umbenannt und neu zugeschnitten – aus dem Obermainkreis wird Oberfranken
1840	Heirat Königin Victorias von Großbritannien mit ihrem Cousin Albert von Sachsen-Coburg und Gotha
1844	Eröffnung der Bahnlinie Nürnberg–Bamberg als Teil der Ludwig-Süd-Nord-Bahn
1846	Fertigstellung des Ludwig-Donau-Main-Kanals von Kelheim nach Bamberg
1848	Eröffnung der Bahnstrecke Nürnberg–Hof
1851	Gründung der ersten mechanischen Baumwollspinnerei Oberfrankens in Röthenbach bei Arzberg
1859	Eröffnung der Werrabahn Eisenach–Lichtenfels
1872	Gründung der ersten oberfränkischen Aktienbrauerei in Kulmbach
1876	Erste Richard-Wagner-Festspiele im neuerrichteten Festspielhaus

1879	Gründung der Porzellanmalerei Rosenthal in Erkersreuth bei Selb, Ausgangspunkt der Rosenthal AG
1919	Die bayerische Staatsregierung übersiedelt wegen der Räteunruhen für über vier Monate nach Bamberg
1920	Vereinigung des Freistaats Coburg mit Bayern
1922	Deutscher Tag in Coburg – NSDAP präsentiert sich als führende völkische Partei
1927	Errichtung der Oberfrankenstiftung durch Kreistagspräsident Adolf Wächter; Gründung des Nationalsozialistischen Lehrerbundes (NSLB) in Hof a. d. Saale
1931	Wahl eines Nationalsozialisten zum Bürgermeister von Coburg
1933	Vereinigung der Kreise Ober- und Mittelfranken; Sitz der Regierung wird Ansbach
1940/41	Überführung mehrerer hundert Menschen aus der Heil- und Pflegeanstalt Kutzenberg in Tötungsanstalten
1946	Erster Auftritt des *Bamberger Tonkünstlerorchesters*, der späteren Bamberger Symphoniker
1948	Gemäß der bayerischen Verfassung wird der Regierungsbezirk Oberfranken wiederhergestellt
1951	Erste Wagner-Festspiele in Bayreuth nach Kriegsende
1972	Zusammenschluss der Bamberger Hochschulen zur Gesamthochschule
1975	Eröffnung der Universität Bayreuth
1979	Umwandlung der Gesamthochschule Bamberg in eine Universität (seit 1988 Otto-Friedrich-Universität)
1992	Fertigstellung des Main-Donau-Kanals
1994	Gründung des Regionalmarketingvereins *Oberfranken offensiv*
2008	Fertigstellung der Bundesautobahn 73 (Nürnberg–Suhl) im Abschnitt Lichtenfels–Suhl
2017	Inbetriebnahme der Bahn-Schnellfahrstrecke Ebensfeld–Erfurt

Generalkommissäre des Mainkreises

1808–1810 Stephan Freiherr von Stengel (1750–1822)
1810–1814 Friedrich Graf von Thürheim (1763–1832)

Generalkommissäre des Obermainkreises

1814–1832 Constantin Ludwig Freiherr von Welden (1771–1842)
1832–1837 Ferdinand Freiherr von Andrian-Werburg (1776–1851)

Regierungspräsidenten von Oberfranken

1837–1840 Ferdinand Freiherr von Andrian-Werburg (1776–1851)
1840–1857 Melchior Ritter von Stenglein (1790–1857)
1858–1863 Friedrich Freiherr von Podewils (1804–1863)
1863–1864 Nikolaus Ritter von Koch (1807–1866)
1864–1868 Theodor von Zwehl (1800–1875)
1868–1873 Ernst Freiherr von Lerchenfeld (1816–1873)
1873–1876 Hugo Freiherr von Herman (1817–1890)
1876–1893 Carl Alexander von Burchtorff (1822–1894)
1893–1909 Rudolph Freiherr von Roman zu Schernau (1836–1919)
1909–1916 Gustav Ritter von Brenner (1861–1916)
1916–1932 Otto Ritter von Strößenreuther (1865–1958)

Regierungspräsidenten von Ober- und Mittelfranken

1933   Dr. Gustav Rohmer (1868–1946)
1933–1934 Hans Georg Hofmann (1873–1943) (kommissarisch)
1934–1943 Hans Dippold (1876–1958)
1944–1945 Heinrich-Dettloff von Kalben (1898–1966)
1945   Dr. Ernst Reichard (1876–1956)
1945–1948 Dr. Hans Schregle (1890–1970)

Regierungspräsidenten von Oberfranken

1948–1956	Dr. Ludwig Gebhardt (1891–1956)
1957–1973	Dr. Fritz Stahler (1908–1978)
1973–1989	Wolfgang Winkler (1924–2005)
1989–1998	Dr. Erich Haniel (geb. 1933)
1998–2006	Hans Angerer (1941–2012)
2007–2016	Wilhelm Wenning (geb. 1950)
seit 2016	Heidrun Piwernetz (geb. 1962)

Kreistagspräsidenten von Oberfranken

1919–1928	Adolf Wächter (1873–1954)
1929–1933	Nikolaus Schmidt (1883–1958)

Bezirkstagspräsidenten von Oberfranken

1954–1962	Hans Rollwagen (1892–1992)
1962–1982	Anton Hergenröder (1910–1995)
1982–2003	Edgar Sitzmann (geb. 1935)
2003–2018	Dr. Günther Denzler (geb. 1948)
seit 2018	Henry Schramm (geb. 1960)

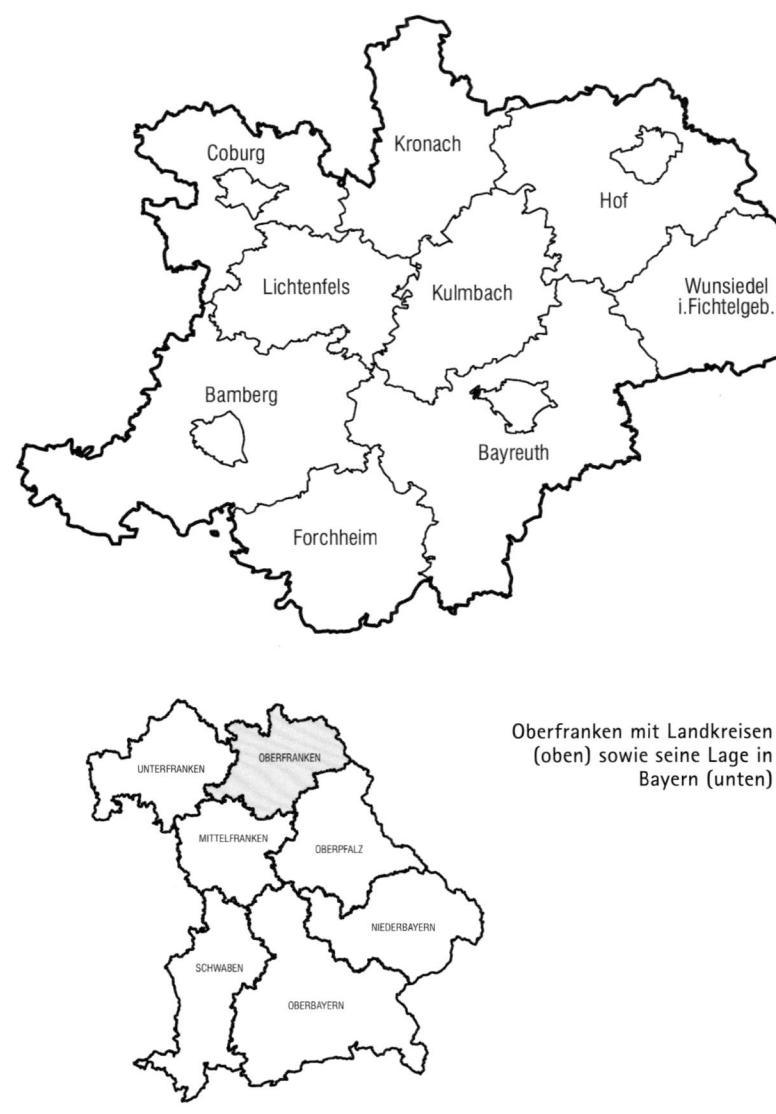

Oberfranken mit Landkreisen (oben) sowie seine Lage in Bayern (unten)

© Bayerisches Landesamt für Statistik, München 2016

Literatur (Auswahl)

Abels, Björn-Uwe/Sage, Walter/Züchner, Christian: Oberfranken in vor- und frühgeschichtlicher Zeit. 2. Aufl. Bamberg 1996.

Die Andechs-Meranier in Franken. Europäisches Fürstentum im Hochmittelalter. Mainz 1998.

Bald, Albrecht: „Braun schimmert die Grenze und treu steht die Mark!" Der NS-Gau Bayerische Ostmark/ Bayreuth 1933–1945: Grenzgau, Grenzlandideologie und wirtschaftliche Problemregion. Bayreuth 2014.

Bald, Albrecht: Widerstand, Verweigerung und Emigration in Oberfranken. Das NS-Regime und seine Gegner 1933–1945. Ein Überblick. Bayreuth 2015.

Barth, Rüdiger: Kulmbach. Stadt und Altlandkreis. München 2012.

Baumgärtel-Fleischmann, Renate (Hrsg.): Bamberg wird bayerisch. Die Säkularisation des Hochstifts Bamberg 1802/03. Bamberg 2003.

Becker, Rainald/Dorn, Iris von (Hrsg.): Politik – Repräsentation – Kultur. Markgraf Christian Ernst von Brandenburg-Bayreuth 1644–1712. Bayreuth 2014.

Berbig, Hans Joachim: Das Kaiserliche Hochstift Bamberg und das Heilige Römische Reich vom Westfälischen Frieden bis zur Säkularisation. Wiesbaden 1976.

Brommer, Hanna: Rekatholisierung mit und ohne System. Die Hochstifte Würzburg und Bamberg im Vergleich (ca. 1555–1700). Göttingen 2014.

Burger-Segl, Ingrid: Archäologische Streifzüge im Meranierland am Obermain. Ein Führer zu archäologischen und historischen Denkmälern des Früh- und Hochmittelalters. Bayreuth 1999.

Demattio, Helmut: Kronach. Der Altlandkreis (Historischer Atlas von Bayern, Teil Franken, I, 32), München 1998.

Dippold, Günter: Konfessionalisierung am Obermain. Reformation und Gegenreformation in den Pfarrsprengeln von Baunach bis Marktgraitz. Staffelstein 1996.

Dippold, Günter/Wirz, Ulrich (Hrsg.): Die Revolution von 1848/49 in Franken. 2. Aufl. Bayreuth 1999.

Dippold, Günter/Kühhorn, Renate/Rössler, Wolfgang (Hrsg.): Der Vergangenheit auf der Spur. Eine Entdeckungsreise durch das Bamberger Land. Bamberg 2006.

Dotzauer, Winfried: Die deutschen Reichskreise (1383–1806). Geschichte und Aktenedition. Stuttgart 1998.

Die Ehrenbürg. Geologie – Archäologie – Volkskunde. Forchheim 2009.

Festschrift 200 Jahre Appellationsgericht/Oberlandesgericht Bamberg. München 2009.

Gehm, Britta: Die Hexenverfolgung im Hochstift Bamberg und das Eingreifen des Reichshofrates zu ihrer Beendigung. 2. Aufl. Hildesheim 2012.

Göller, Luitgar (Hrsg.): 1000 Jahre Bistum Bamberg 1007–2007. Unterm Sternenmantel. Katalog. Petersberg 2007.

Greiner, Dorothea u. a. (Hrsg.): Kleine Reformationsgeschichten. Die Reformation im Kirchenkreis Bayreuth. München 2016.

Guttenberg, Erich Frhr. von: Die Territorienbildung am Obermain. Bamberg 1927.

Guttenberg, Erich Frhr. von: Das Bistum Bamberg. Teil 1. Berlin/Leipzig 1937.

Haberlah-Pohl, Annett: Münchberg. Der Altlandkreis. München 2011.

Hamann, Brigitte: Winifred Wagner oder Hitlers Bayreuth. München u. a. 2002.

Hambrecht, Rainer: Die braune Bastion. Der Aufstieg der NSDAP in Mittel- und Oberfranken (1922–1933). 2. Aufl. Nürnberg 2017.

Hanemann, Regina (Hrsg.): Jüdisches in Bamberg. Petersberg 2013.

Henker, Michael/Brockhoff, Evamaria (Hrsg.): Ein Herzogtum und viele Kronen. Coburg in Bayern und Europa. Augsburg 1997.

Herrmann, Erwin: Geschichte der Stadt Kulmbach. Kulmbach 1985.

Hofmann, Andreas Stefan: Oberfranken zur Zeit des Nationalsozialismus 1933 bis 1939. Eine Studie über Aufstieg, Machteroberung und Herrschaftsorganisation der Nationalsozialisten im Norden Bayerns. Bamberg 2020.

Hofmann, Hanns Hubert: Adelige Herrschaft und souveräner Staat. Studien über Staat und Gesellschaft in Franken und Bayern im 18. und 19. Jahrhundert. München 1962.

Jung, Norbert/Kempkens, Holger (Hrsg.): 1000 Jahre Kloster Michaelsberg Bamberg 1015–2015. Im Schutz des Engels. Begleitpublikation. Petersberg 2015.

Jung, Norbert/Reddig, Wolfgang (Hrsg.): Dem Himmel entgegen – 1000 Jahre Kaiserdom Bamberg 1012–2012. Katalog. Petersberg 2012.

Kist, Johannes: Das Bamberger Domkapitel von 1399 bis 1556. Ein Beitrag zur Geschichte seiner Verfassung, seines Wirkens und seiner Mitglieder. Weimar 1943.

Körner, Hans-Michael/Schmid, Alois (Hrsg.): Handbuch der Historischen Stätten. Bayern II: Franken. Stuttgart 2006.

Kraus, Werner (Hrsg.): Schauplätze der Industriekultur in Bayern. Regensburg 2006.

Krauss, Georg: Die oberfränkische Geschichte. Hof 1981.

Lang, Karl Heinrich: Neuere Geschichte des Fürstenthums Bayreuth. 3 Teile. Göttingen 1801.

Looshorn, Johann: Die Geschichte des Bisthums Bamberg nach den Quellen bearbeitet. 7 Bde. Bamberg bzw. München 1886–1910.

Meyer, Otto: Oberfranken im Hochmittelalter. Politik, Kultur, Gesellschaft. 2. Aufl. Bayreuth 1987.

Müssel, Karl: 150 Jahre Regierungsbezirk Oberfranken. Bayreuth 1988.

Müssel, Karl: Bayreuth in acht Jahrhunderten. Geschichte der Stadt. Bindlach 1993.

Nöth, Stefan/Rupprecht, Klaus (Hrsg.): Die Präsidenten. 200 Jahre Regierung von Oberfranken in Bayreuth. Bamberg 2010.

Patze, Hans/Schlesinger, Walter (Hrsg.): Geschichte Thüringens. 6 Bde. Köln u. a. 1967–1984.

Petersohn, Jürgen: Franken im Mittelalter. Identität und Profil im Spiegel von Bewußtsein und Vorstellung. Ostfildern 2008.

Pflefka, Sven: Das Bistum Bamberg, Franken und das Reich in der Stauferzeit. Der Bamberger Bischof im Elitengefüge des Reiches 1138–1245. O. O. 2005.

Porzellan für die Welt. 200 Jahre Porzellan der bayerischen Fabriken. 2 Bde. Hohenberg a. d. Eger/Selb 2014.

Michael Puchta: Mediatisierung „mit Haut und Haar, Leib und Leben". Die Unterwerfung der Reichsritter durch Ansbach-Bayreuth (1792–1798). Göttingen 2012.

Roth, Elisabeth (Hrsg.): Oberfranken im Spätmittelalter und zu Beginn der Neuzeit. 2. Aufl. Bamberg 1991.

Roth, Elisabeth (Hrsg.): Oberfranken in der Neuzeit bis zum Ende des Alten Reiches. Bamberg 1984.

Roth, Elisabeth (Hrsg.): Oberfranken im 19. und 20. Jahrhundert. Bayreuth 1990.

Rupprecht, Klaus: Ritterschaftliche Herrschaftswahrung in Franken. Die Geschichte der von Guttenberg im Spätmittelalter und zu Beginn der Frühen Neuzeit. Neustadt a. d. Aisch 1994.

Ruß, Hubert: Die Edelfreien und Grafen von Truhendingen. Studien zur Geschichte eines Dynastengeschlechtes im fränkisch-schwäbisch-bayerischen Grenzraum vom frühen 12. bis frühen 15. Jahrhundert. Neustadt a. d. Aisch 1992.

Schmidt, Roderich (Hrsg.): Bayreuth und die Hohenzollern vom ausgehenden Mittelalter bis zum Ende des Alten Reiches. Ebsdorfergrund 1992.

Seiderer, Georg/Wachter, Clemens (Hrsg.): Markgraf Friedrich von Brandenburg-Bayreuth 1711–1763. Erlangen 2012.

Spörlein, Bernhard: Die ältere Universität Bamberg (1648–1803). Studien zur Institutionen- und Sozialgeschichte. Berlin 2004.

Ulrichs, Cord: Die Entstehung der fränkischen Reichsritterschaft. Entwicklungslinien von 1370 bis 1590. Köln/Weimar/Wien 2016.
Weigel, Georg: Die Wahlkapitulationen der Bamberger Bischöfe 1328 bis 1693. Bamberg 1909.
Weiß, Dieter J.: Das exemte Bistum Bamberg 3: Die Bischofsreihe von 1522 bis 1693. Berlin/New York 2000.
Weiß, Dieter J.: Das exemte Bistum Bamberg 4: Die Bamberger Bischöfe von 1693 bis 1802. Berlin/Boston 2016.
Winkler, Richard: Oberfranken. Grundzüge seiner Geschichte. München 1996.
Winkler, Richard: Bayreuth. Stadt und Altlandkreis. München 1999.
Wirz, Ulrich/Meußdoerffer, Franz G. (Hrsg.): Rund um die Plassenburg. Studien zur Geschichte der Stadt Kulmbach und ihrer Burg. Kulmbach 2003.
Wüst, Wolfgang (Hrsg.): Industrialisierung einer Landschaft. Der Traum von Textil und Porzellan. Die Region Hof und das Vogtland. Erlangen 2018.
Zeitler, Peter: Neubeginn in Oberfranken 1945–1949. Die Landkreise Kronach und Kulmbach. 2. Aufl. Kronach 1998.

Wichtige Periodika
Archiv für Geschichte von Oberfranken (seit 1828)
Bericht des Historischen Vereins Bamberg (seit 1834)
Geschichte in Franken (seit 2016)
Jahrbuch der Coburger Landesstiftung (seit 1956)
Jahrbuch für fränkische Landesforschung (seit 1935)

Register

Namen

Abenberg-Frensdorf, Gfen. v. 25, 41
Absberg, Hans Thomas v. 54
Adalbert, Gf. 16
Alberada, Gfin. (Schweinfurter) 118–120
Albert, Prz. v. Sachsen-Coburg u. Gotha, Prinzgem. 118–120
Albrecht Achilles, Kfst. v. Brandenburg 43
Albrecht Alcibiades, Markgf. v. Brandenburg-Kulmbach 61, 71f.
Albrecht, Hzg. v. Sachsen-Coburg 51
Alfred, Hzg. v. Sachsen-Coburg u. Gotha 119
Andechs, Gf. v.: s. Beatrix, Berthold, Otto, Poppo, Sophie
Arnold, Max Oscar 128
Arnulf, Ks. 15
Aron, Willy 138
Asbeck, Franz Wilhelm v. 80
Baumann, Ägidius 89
Beatrix, Gfin. v. Andechs, Hzgin. v. Meranien 24
Benedikt VIII., Papst 19
Bernhard, Hzg. v. Sachsen-Weimar 73
Berthold III., Gf. v. Andechs, Markgf. v. Istrien 23
Berthold IV., Gf. v. Andechs, Hzg. v. Meranien 23f.
Berthold, Gf. (Schweinfurter) 16
Berthold, Gf. v. Andechs-Plassenberg 23
Bolesław Chrobry, Kg. v. Polen 16
Brandenstein, Herren v. 53
Brettreich, Friedrich v. 115
Brockdorff, Grafen v. 98
Brunn, Lamprecht v. 36
Burkhard, Johann 64
Bürklein, Friedrich 113
Buseck, Christoph Franz v. 106
Carl Eduard, Hzg. v. Sachsen-Coburg u. Gotha 120
Chamberlain, Houston Stewart 133
Charles Edward, Duke of Albany 119
Christian, Markgf. v. Brandenburg-Kulmbach/Bayreuth 44–46, 48
Christian Ernst, Markgf. v. Brandenburg-Kulmbach/Bayreuth 46
Christian Heinrich, Markgf. v. Brandenburg 76
Clemens II., Papst 18
Dehler, Thomas 142
Dientzenhofer, Leonhard 36, 74
Döllinger, Ignaz 99
Düring, Balthasar 60
Echter v. Mespelbrunn, Julius 65, 99
Edward Augustus, Duke of Kent 118
Ehard, Hans 144
Ehrhardt, Hermann 134
Elisabeth, Hzgin. v. Sachsen 50
Elisabeth, Landgfin. v. Thüringen 24
Epp, Franz Ritter v. 138
Erlinger, Georg 59f.
Ernst I., Hzg. v. Sachsen-Coburg u. Gotha 118
Ernst II., Hzg. v. Sachsen-Coburg u. Gotha 118f.
Erthal, Franz Ludwig v. 90, 100

Eyb, Ludwig v. 54
Fechenbach, Georg Karl v. 106
Feilitzsch, Maximilian v. 115
Ferdinand, Kg. v. Portugal 118
Ferdinand, Zar v. Bulgarien 118
Fikentscher, Wolfgang Caspar 98
Flocken, Andreas 128
Fracassini, Aloisio Ludovico 47
Franck, Melchior 50
Frank, Othmar 82
Friedrich Christian, Markgf. v. Brandenburg-Kulmbach/Bayreuth 77
Friedrich, Gf. v. Truhendingen 30
Friedrich I. Barbarossa, Ks. 23
Friedrich I., Kg. in Preußen 76
Friedrich der Große, Kg. v. Preußen 47
Friedrich der Weise, Kfst. v. Sachsen 60
Friedrich I., Hzg. v. Sachsen-Gotha-Altenburg 51
Friedrich der Strenge, Markgf. v. Meißen 31
Friedrich IV., Burggf. v. Nürnberg 29
Friedrich, Markgf. v. Brandenburg-Kulmbach/Bayreuth 46f., 77, 101
Friedrich, Markgf. v. Brandenburg, Dompropst 61
Friedrich Josias, Prz. v. Sachsen-Coburg-Saalfeld 117
Friedrich Wilhelm II., Kg. v. Preußen 77
Friedrich Wilhelm II., Hzg. v. Sachsen-Altenburg 51
Galli Bibiena, Carlo 47
Galli Bibiena, Giuseppe 47
Gebsattel, Johann Philipp v. 65
Gebsattel, Konstantin v. 132
Georg der Fromme, Markgf. v. Brandenburg-Ansbach u. -Kulmbach 61
Georg Friedrich, Markgf. v. Brandenburg-Ansbach u. -Kulmbach 44, 46, 72, 101
Georg Wilhelm, Markgf. v. Brandenburg-Kulmbach/Bayreuth 46, 76, 90
Gerhard, Abt v. Seeon 20
Giech, Gf. v.: s. Reginboto
Goebbels, Joseph 139
Grandinger, Johannes 115
Grumbach, Wilhelm v. 49f.
Gundekar, Bf. v. Eichstätt 21
Gustav Adolf, Kg. v. Schweden 73
Gutmann, Moses 109
Haan, Georg 68
Hansen, Georg Alexander 143
Hardenberg, Karl August v. 77f.
Heinkelmann, Heinrich 112
Heinrich II., Ks. 16–21
Heinrich V., Ks. 22
Heinrich der Zänker, Hzg. v. Bayern 16
Heinrich, Gf. des Grabfeld-, Volkfeld- u. Radenzgaus 15
Heinrich (Hezilo), Gf. (Schweinfurter) 16f.
Henneberg, Gfen. v. 31
Henneberg, Poppo Gf. v. 27f.
Hermann, Gf. v. Habsberg-Kastl 22
Hirsching, Friedrich Karl Gottlob 102
Hitler, Adolf 132–134, 136f., 140
Hoffmann, E. T. A. 103
Hofmann, Hans Georg 138
Hohenlohe, Albrecht v. 29
Hohenlohe, Friedrich v. 29

Hompesch, Johann Wilhelm v. 80
Hornthal, Franz Ludwig 110
Hornthal, Johann Peter v. 110
Humboldt, Alexander v. 78. 97f.
Hut, Hans 63
Hutschenreuther, Carolus Magnus 122
Hutschenreuther, Lorenz 122
Jäck, Joachim Heinrich 82
Joachim Ernst, Markgf. v. Brandenburg-Ansbach 44
Johann, Burggf. v. Nürnberg 31
Johann Casimir, Hzg. v. Sachsen-Coburg 50f., 71, 100
Johann Ernst, Hzg. v. Sachsen 49
Johann Ernst, Hzg. v. Sachsen-Eisenach 50
Johann Friedrich der Großmütige, Kfst. bzw. Hzg. v. Sachsen 49
Johann Friedrich der Mittlere, Hzg. v. Sachsen 49
Johnsen, Helmuth 132
Juliane, Gfstin. v. Russland 117
Kahr, Gustav v. 134
Karl der Große, Ks. 15, 17
Karl IV., Ks. 29
Karl V., Ks. 49, 57, 72
Karl Alexander, Markgf. v. Brandenburg-Ansbach u. -Kulmbach/Bayreuth 77
Karl Theodor, Kfst. v. Bayern 80
Karlmann, fränk. Hausmeier 15
Kasimir, Markgf. v. Brandenburg-Ansbach u. -Kulmbach 60f.
Katharina, Markgfin. v. Meißen 31
Kircheisen, Friedrich Leopold 78
Klein, Friedrich 135
Knauer, Mauritius 74
Krapp, Lorenz 144

Kunigunde, Ksin. 18f.
Lang, Karl Heinrich 78
Langermann, Johann Gottfried 78
Leicht, Johann 134
Leopold Wilhelm, Erzhzg. v. Österreich 74
Leopold, Prz. v. Sachsen-Coburg-Saalfeld, Kg. der Belgier 117f.
Lessing, Willy 140
Lichtenstein, Herren v. 53
Linder, Dionysius 82
Ludwig I., Kg. v. Bayern 9, 18, 107, 110–112
Ludwig IV., der Bayer, Ks. 29, 87
Luther, Martin 58, 60–63, 108
Mannlich, Johann Christian v. 84
Marcus, Adalbert Friedrich 100, 103
Maria Alexandrowna, Hzgin. v. Sachsen-Coburg u. Gotha 119
Maria Anna, Hzgin. in Bayern 104
Maria Theresia, Ksin. 32, 87
Maria, Markgfin. v. Brandenburg-Kulmbach/Bayreuth
Maximilian I., Ks. 53
Maximilian Joseph IV./I., Kfst. bzw. Kg. v. Bayern 80, 83, 86, 104
Maximilian II., Kg. v. Bayern 104, 111
Maximilian, Hzg. in Bayern 104
Megingaud, Bf. v. Eichstätt 21
Meier-Gesees, Karl 139
Mengersdorf, Ernst v. 99
Meranien, Hzg. v.: s. Beatrix, Berthold, Otto
Merz, Oswald 142
Meyfart, Johann Matthäus 69

169

Modschiedler v. Görau, Sybilla 56
Montgelas, Maximilian v. 104f., 107, 109
Moritz, Hzg. bzw. Kfst. v. Sachsen 49
Müller, Johann Nikol 123
Müller, Josef 144
Müntzer, Thomas 63
Napoleon Bonaparte, Ks. der Franzosen 85f., 104
Neureuther, Gottfried 113
Noddack, Walter 148
Oettingen, Gfen. v. 41
Orlamünde, Gfen. v. 27, 31, 41
Orlamünde, Hermann Gf. v. 31
Orlamünde, Otto Gf. v. 31
Ortenburg, Joseph Carl Gf. v. 85
Otto II., Ks. 16
Otto, Kg. v. Griechenland 104
Otto, Hzg. v. Schwaben 22
Otto I., Gf. v. Andechs, Hzg. v. Meranien 24
Otto II., Gf. v. Andechs, Hzg. v. Meranien 27
Otto I., Bf. v. Bamberg 22f.
Otto II., Bf. v. Bamberg 24
Otto, Markgf. v. Brandenburg 31
Pechmann, Heinrich Frh. v. 112
Pfeufer, Sigmund v. 115
Pittroff, Claus 144
Pius VII., Papst 107
Poppo, Gf. v. Andechs 23
Reginboto, Gf. v. Giech 23
Riemenschneider, Tilman 18
Roesler, Max 128
Rogler, Hans 88
Röschlaub, Andreas 99
Rosenthal, Philip 139f.
Rosenthal, Philipp 139f.
Rost, Georg Christoph 91
Rüber, Eduard 113
Rüblein, Thomas 110
Ruckdeschel, Ludwig 139
Rudhart, Ignaz v. 110
Sachs, Hans 58
Schatt, Georg Ildephons 82
Schaumberg, Herren v. 28
Schaumberg, Adam v. 62
Schaumberg, Wandula v. 62
Schaumberg, Wilwolt v. 54
Scheer, Reinhard 133
Schemm, Hans 134f., 138f.
Schenk v. Stauffenberg, Claus Gf. 142
Schenk v. Stauffenberg, Marquard Sebastian 36
Schinkel, Karl Friedrich 118
Schirmer, Hermann 144
Schlüsselberg, Herren v. 27, 32
Schlüsselberg, Konrad v. 29
Schmalzing, Georg 61
Schönborn, Friedrich Karl Gf. v. 34
Schönborn, Gfen. v. 56
Schönborn, Lothar Franz Gf. v. 34–37
Schrottenberg, Frhen. v. 98
Schuckmann, Friedrich v. 78
Schwanhauser, Johann 58f.
Schwede, Franz 135f.
Soden, Julius Gf. v. 103
Sophie, Gfin. v. Andechs-Plassenberg 23
Sparneck, Herren v. 28, 41, 48
Spengler, Lazarus 61
Stengel, Stephan v. 80
Streicher, Julius 133, 135
Strößenreuther, Otto v. 137
Stubenberg, Joseph Gf. v., Bf. v. Eichstätt, Erzbf. v. Bamberg 107
Suidger, Bf. v. Bamberg: s. Clemens II.
Susanna, Markgfin. v. Brandenburg-Ansbach u. -Kulmbach 61

Thüna, Herren v. 48
Thüngen, Neithard v. 65
Thürheim, Friedrich Karl Gf. v. 80
Tieck, Ludwig 97
Titus, Nikolaus 111f.
Truchseß v. Pommersfelden, Herren 56
Truhendingen, Edelfreie/Gfen. v. 27, 30
Truhendingen, Friedrich Gf. v. 30
Truhendingen, Johann Gf. v. 30
Truhendingen, Oswald Gf. v. 30
Victoria, Duchess of Kent 118
Victoria, Kgin. v. Großbritannien u. Irland 118–120
Vogler, Georg 61
Voit v. Salzburg, Melchior Otto 99
Wächter, Adolf 133, 137
Wächtler, Fritz 139
Wackenroder, Wilhelm Heinrich 97
Wagner, Familie 133, 139
Wagner, Richard 140
Wagner, Siegfried 140
Wagner, Winifred 133, 140
Walpoten, Edelfreie 25, 31
Wazanini, Thomas 83
Weida, Vögte v. 27, 31, 41
Weimar, Gfen. v. 23
Wenzel, Kg. v. Böhmen 30, 41
Wilhelm II., dt. Ks. 119
Wilhelm, Hzg. in Bayern 104f.
Wilhelmine, Markgfin. v. Brandenburg-Kulmbach/Bayreuth 46f.
Wirth, Johann Georg August 110
Wohlsbach, Gfen. v. 25
Wölfel, Hans 142
Zeidler, Jacob 123

Orte

Aibling 36
Aldersbach 22
Altendorf 13
Amberg 106
Amlingstadt 17
Andechs 23f., 26–29, 31, 41, 44
Ansbach (Stadt u. Markgraftum) 41, 43f., 60, 69, 72, 78, 101, 104, 137, 142
Aquileia (Patriarchat) 24
Arnoldstein 22
Arnstein 30
Arolsen 100
Arzberg 78, 121f.
Augsburg 34, 112, 149
Aura a. d. Saale 22
Bad Aibling: s. Aibling
Bad Berneck: s. Berneck
Bad Kissingen 147
Bad Königshofen: s. Königshofen
Bad Rodach: s. Rodach
Bad Staffelstein: s. Staffelstein
Bad Steben: s. Steben
Bamberg (Stadt u. Hochstift) 9f., 13, 15–25, 27–39, 42, 47f., 53, 55, 57–61, 63–77, 79–95, 99f., 102–107, 110–116, 121f., 124f., 131–135, 138, 140–144, 147–153
Banz 16, 22, 60, 64, 71, 73–75, 79, 82f., 88, 91, 101f., 104f., 146
Baunach 25, 27, 89
Bayreuth (Stadt u. Markgraftum) 9, 17, 26f., 41, 44–48, 61, 65, 69, 71, 73, 75–78, 85f., 90f., 98, 101–103, 105f., 108, 111f., 116, 122, 133–135, 137, 139–144, 148f., 151
Behringersmühle 97
Berg (Herzogtum) 104

Berlin 77f., 97, 118, 134, 145f., 150
Berneck 31, 46
Betzenstein 10
Biburg 22
Bischberg 17, 89, 93
Bischofsgrün 147
Bordeaux 77
Brandenburg a. d. Havel 10, 31, 42–44, 60f., 69–72, 76, 90, 101, 145
Breitenfeld 73
Breslau 97
Brixen (Bistum) 24
Burggaillenreuth 13
Burgkunstadt 16, 23, 91, 125
Buttenheim 17
Cheb: s. Eger
Coburg (Stadt u. Fürstentum) 10f., 23, 25–27, 31, 49–51, 60, 62, 69f., 75, 91, 93, 98, 100, 107, 114, 117–120, 127f., 130–132, 135f., 138f., 143–145, 149f., 152
Cölln (Berlin) 44
Creußen 16, 41
Detroit 123
Dießen 23f.
Düsseldorf 104
Ebern 58
Ebersdorf b. Coburg 128, 152
Ebrach 10, 40, 75, 79, 84
Eger 87, 114, 122
Ehrenbürg 12f.
Eichstätt (Bistum) 19, 21, 72, 107
Eisenach 50, 114
Eisfeld 51, 75, 150
Ensdorf a. d. Vils 22
Eremitage (Bayreuth) 46
Erfurt 15, 69, 83, 99, 117, 130, 151
Erkersreuth 123

Erlangen 32, 40, 44, 101, 142, 148
Falkenhaube 46
Falkenstein 145
Feldkirchen 21
Forchheim 12–15, 25, 36, 72f., 80, 89, 97, 113, 122, 152f.
Frankenhaag 98
Frankfurt a. Main 93, 110f., 142
Frauendorf 139
Fulda 15
Fürth 21
Gaustadt 122
Giech/Giechburg 23, 30, 36
Goldkronach 31, 42
Görau 56
Görlitz 146
Gößweinstein 84, 108
Gotha 50f., 117f., 120
Gräfenberg 10
Grafengehaig 135
Griffen 21
Grub a. Forst 98, 128
Gügel 30
Halberstadt (Bistum) 74, 76
Halle a. d. Saale 97
Hallstadt 14f., 17
Hartheim 142
Heiligenstadt 17
Heilsbronn 22
Heinersreuth 16
Helmbrechts 126, 132
Hersbruck 16
Herzogenaurach 11, 26, 32, 106
Heunischenburg 12
Hildburghausen 51, 75, 117
Hiltpoltstein 10
Himmelkron 30f., 46, 61
Hirschberg 150
Höchstadt a. d. Aisch 11, 29
Hof a. d. Saale 21, 26f., 31, 41, 48, 61, 69, 91, 101, 103, 105, 110, 113–115, 117, 122f., 125,

132f., 135, 137f., 142, 145–147, 149, 152
Hohenberg an der Eger 122, 151
Hohentrüdingen 27
Hollfeld 29
Hranice u Aše: s. Roßbach
Ingolstadt 99, 103
Iphofen 197
Izbica 141
Jena 64, 99
Kalocsa (Erzbistum) 24
Kasendorf 13, 25
Kelheim 22, 112
Kirchschletten 17
Kleintettau 96, 125
Kloster Banz: s. Banz
Klosterlangheim: s. Langheim
Königsberg (Preußen) 44
Königsfeld 17, 139
Königshofen 73
Kösten 12
Kronach 12, 16, 22, 36, 42, 73, 80, 88, 93f., 110f., 121, 125f., 144f., 147
Kulmbach (Stadt u. Fürstentum) 9f., 17, 23, 26f., 31, 41, 43–46, 48, 55, 60–62, 69–72, 76, 87f., 91, 101, 106, 111, 113, 122, 124, 133, 135
Kunreuth 57
Kupferberg 29, 32
Kutzenberg 142
Langheim 22, 24, 27, 30, 32, 39f., 60, 74f., 82f., 85, 89, 91, 95, 108
Lauenstein 48, 85, 93, 96
Lehesten 93, 145
Leipzig 49, 64, 73, 99
Lichtenberg 48
Lichtenfels 26f., 63, 65, 73, 94, 113f., 126f., 140, 144f., 151
Lindau 113
London 125

Ludwigsstadt 48, 127, 150
Manching 13
Marienweiher 108
Marktleugast 31
Marktredwitz 87, 98, 114
Marktschorgast 32, 114
Marloffstein 32
Meiningen 51, 90, 127
Michelau i. OFr. 65, 85, 93
Michelfeld 22
Mödlareuth 145
Modschiedel 17
Mönchröden 25
Moschendorf 146f.
Münchberg 28, 41, 91, 126
München 83f., 103f., 106, 108, 116, 124, 131, 133, 139, 148, 150
Münnerstadt 15
Naumburg (Bistum) 21
Neideck 29
Neuenmarkt 114
Neufang 62
Neuhaus 30, 79
Neunkirchen a. Brand 32, 88
Neustadt a. d. Aisch 44
Neustadt a. d. Waldnaab 106
Neustadt b. Coburg 26, 128, 130, 144, 150
New York 125
Niesten 27f., 53
Nürnberg 10, 21, 27, 29, 31, 33, 41, 58, 61, 69f., 72, 77, 88, 97, 112f., 118, 130, 133, 135, 151
Oberammerthal 16
Oberbrunn 28
Ochsenkopf 9, 96, 125
Oeslau 127
Olmütz (Bistum) 74
Orlamünde 27, 31, 41
Ortenburg 85
Passau (Stadt u. Bistum) 74, 137, 148f.

173

Pegnitz 21, 27, 41, 121
Petershausen 19
Pilgramsreuth 88
Plassenburg (Kulmbach) 23, 31, 43–45, 72
Plößberg 123
Pommersfelden 56
Pottenstein 29, 32
Prag 36, 147
Probstzella 150
Prüfening 22
Redwitz a. d. Rodach 56, 109
Regensburg 15, 21f., 59, 62, 90, 107f., 148
Rehau 88, 123
Reichsmannsdorf 98
Reisberg 14
Riga-Jungfernhof 141
Rimpar 49
Rodach 56, 93, 109, 128, 130
Römhild 50
Rosenberg (Kronach) 23, 36
Roßbach 88
Röthenbach 121
Rothenburg o. d. Tauber 72
Rottenbach 150
Rudolphstein 150
Rudolstadt 31
Saalfeld 51, 117
Saaz 124
St. Blasien 102
St. Georgen (Bayreuth) 46, 78
St. Johannis 46
St. Leonhard 21
St. Louis 116
St. Petersburg 100
Sanspareil 46
Sassanfahrt 56
Schauenstein 46
Scheßlitz 14, 17, 26f., 30
Schleiz 145
Schlüsselau 27, 32, 60
Schlüsselfeld 10, 27

Schneeberg 9
Schney 12, 63, 98
Schönwald 123
Schwabach 21
Schweinfurt 16f., 21–23, 56, 121
Schwürbitz 93
Seehof 36, 38, 75, 80, 90
Seeon 20
Selb 122f., 125, 132, 152
Seßlach 10, 53
Seußling 17
Sonneberg 51, 128, 144, 150
Sonnefeld 28, 31, 51, 60, 143
Stadtsteinach 29, 96
Staffelberg 13f., 60, 154
Staffelstein 17, 58, 74, 91, 111, 138, 146, 154
Steben 78, 147
Steinwiesen 144
Stockheim 121, 144
Straßburg (Bistum) 74
Streit 98
Streitberg 41, 85, 97
Strössendorf 75
Strullendorf 79
Suhl 151
Sulzbach 16
Tambach 85
Tettau 98, 145
Teuschnitz 29f., 32
Thiergarten 46
Torgau 49
Trebgast 31
Trunstadt 17
Uetzing 17
Unterrodach 85
Veßra 22
Vierzehnheiligen 60, 108, 138
Villach 21
Vils 87
Vilseck 32, 79
Waischenfeld 27
Waldmünchen 139

Waldsassen 87, 106
Wasserburg am Inn 23
Weferlingen 76
Weidenberg 147
Weimar 23, 31, 73
Weingarten 88
Weismain 18, 26f., 75, 89, 91, 110, 139
Weißenstadt 124
Weißenstein (Pommersfelden) 56
Wiesen 58
Windberg 22
Windsheim 72
Wirsberg 62
Wittenberg 49, 58, 64, 99

Wolfenbüttel 77
Wolfratshausen 23
Wolfsberg 21
Wunsiedel 29, 41f., 59, 105, 152
Würzburg (Stadt, Bistum, Hochstift) 10, 15, 17–22, 29, 32, 40, 49, 53, 60f., 63–65, 70, 72f., 77, 79f., 84, 99f., 103, 106f., 114, 148
Zapfendorf 143
Žatec: *s. Saaz*
Zeil a. Main 29, 32, 66f.
Zeitz (Stadt u. Bistum) 21, 145
Zwernitz 46
Zwickau 90

Bildnachweis

Bayerische Staatsbibliothek München/ Bildarchiv: 131 (hoff-5271)
Bayerische Verwaltung der staatlichen Schlösser, Gärten und Seen (Achim Bunz): 47
Bayerisches Landesamt für Denkmalpflege (AJB 1982): 14
Bayerisches Landesamt für Digitalisierung, Breitband und Vermessung (Geobasisdaten: Bayerische Vermessungsverwaltung): 26
Bildarchiv Foto Marburg: 30 (Joachim Hotz)
DB Museum: 114
Euroluftbild.de (Elmar Hartmann): 45
Fichtelgebirgsmuseum Wunsiedel (feigfotodesign): 95 (Inv.-Nr. 11535, 11537)
Günter Dippold: 94, 127
Heritage-Images/ The Print Collector/ akg-images: 120
Museum Bayerisches Vogtland, Hof: 123
Nürnberg Luftbild, Hajo Dietz: 13
Oberfranken offensiv e.V.: 153
Porzellanikon Selb: 125
Ralf Löffler: 154
Staatsbibliothek Bamberg (Gerald Raab): 19 (RB.Msc.3#2), 20 (ad V Bd 4), 28 (HVG 100-16), 33 (JH.Inc.typ.IV.24), 35 (V A 61a), 37 (V Bk 21), 38 (Archit.f.28), 43 (IV C 24), 50 (V E 36b), 55 (RB.H.bell.f.1), 59 (JH.Inc.typ.IV.175), 67 (V B 211m), 74 (V Bf 12), 82 (HVG 2-10), 96 (RB.Or.f.2), 100 (MB.x0278(279)), 101 (V C 7aa), 102 (MvO A I 40), 105 (V A 392a), 113 (Top.ill.11), 119 (V E 34b)
Stadtarchiv Bamberg: 141 (334-35 c – H004 B002)
Stadtarchiv Hof: 147
Süddeutsche Zeitung Photo: 133 (Scherl), 149 (dpa)

Umschlagmotive: vorne: Historische Stadtansicht von Bamberg. – Kupferstich von L. Beyer nach einer Zeichnung von L. Richter (Staatsbibliothek Bamberg, V B 58); hinten (v. l. n. r.): Prinz-Albert-Denkmal auf dem Marktplatz in Coburg (pixabay.com, geoworld), Heinrich und Kunigunde als Gründer des Bistums Bamberg (Staatsbibliothek Bamberg, V B 92 b), Blick auf den Staffelberg und auf Bad Staffelstein (https://commons.wikimedia.org (CaCo789, CC BY-SA 4.0))